ループ

忘れ去られた記憶の旅

森神等覚

桜の花出版

ループ
忘れ去られた記憶の旅

目次

第一章　記憶の旅　5

第二章　円環（ループ）　177

第一章

記憶の旅

旅路

追憶

病でひとり娘を失った父親は自分にこう言い聞かせていた。
「神が与えたこの決定は悪いことではない。車椅子になるよりは良かったのだ」と。
彼は娘の死を受け入れようと、耐え難い力に抗して立ち直ろうと努めていた。

「人生とはいつも自分の望み通りになるわけじゃない。いい事もあれば悪い事もある…。きっとまた立ち直れる」

「残された者たちは前を向いて進むしかない。どんなに苦しくとも苦しみは捨て去るしかないのだ」

「人生とは悲しみの残骸を飲み込んで生きなければならないことは分かっているつもりだ」

「それにしても辛すぎる人生の試練である」

そして神に祈った。

「どうか悲しんでいる妻を助けてやってください」と。


イタリアの片田舎に生を営む老夫婦は、自分たちに課せられた試練に必死で耐える日々を送っていた。妻はまだそのショックから立ち直ることが出来ない。そこには人間の力では抗することの出来ない〈定め〉が立ち塞がっていた。夫は魂を失ってしまっている妻の姿を見て、自分までもが壊れてはいけないと決意していた。幸い彼らには二人の息子がいてくれたのがせめてもの救いであった。

心を癒やすために遠くに見えるアルプスの山々を眺めていると、この時間とは異なる別の世界を垣間見せられているような感覚が襲ってくる。この悲しみと虚しさは、遙か古より続く宿命の連鎖なのかも知れない…、と。


人はみな過去に身を委ねながら生きているものだ。喜びも、悲しみも、怒りも、悔しさも、恐怖も、そのすべてを心の中にしまい込み、その時々で〈いま〉に出現する過去に、人は翻弄《ほんろう》されている。辛《つら》い過去

が消え去ることはない。過去は常に〈いま〉となって人を襲ってくる。〈いま〉は過去の集積されたものにすぎない。〈いま〉とは過去そのものである。その〈過去なるいま〉に人は今日も生きている。次元を超える切なくも優しい風を感じながら…。

歓《よろこ》びの時は短かすぎる。人生は誰もがその一生を満足できるとは限らない。自分のやりたいように生きれば素晴らしい人生になるというが、自分らしく生きることが難しいことには、誰もがすぐに気付く。人はみな自分らしく生きたいと願っているものだ――

人生はそんなに甘いものではない。それどころか自分の思いとは裏腹に、その逆の情況ばかりが出現してくる。人生とは何とも悲劇的であり哀れですらある。と同時に躍動に溢れ歓喜に満ちてもいる。君のように若い時はなおさらだ。記憶された時間は複雑な姿を見せて人の心を弄《もてあそ》ぶかのようにやってくるものだ。友と出会い、友と別れ、優劣を意識するようになり、自分の美醜が何よりも気になるようにもなる。そして君は、よく食べ、よく遊び、よく喋り、ケンカもし、そして恋をする。

日常の空間が違って見えるようになり、何もかもが輝いていることに気付かされる。緑は青々としてまぶしく、空気は清々しく身体に吸い込まれる。都会の騒音も田舎の静けさも、青春の只中で君の心に響き、こだまする。ビルの一角から、自然の緑から、青空を切り裂く飛行機雲にそして青空に舞う野鳥の姿に、微《かす》かな未来をのぞかせてくる。

自然と触れ合う時や、映画に映し出された見知らぬ街のカフェで、テーブルにつき外を眺めているときのように、世界は何かを語りかけてくる。それは一瞬の静けさが心を支配し、何かが囁《ささや》きかけるトキめく瞬間でもある。

一時の平和が心を支配したとき、おだやかな空気の中で刹那《せつな》の幸せを感じている自分に出会うことがある。ちょっと立ち止まってみるひと時でもある。若い時は、これからの未来に少しの不安とそれ以上の希望を胸に抱いているものだ。

人は皆、それぞれの地で生まれ、人生をスタートする。それぞれに家族がいて、育ち、幸せも哀しみも辛さも風と共に通り過ぎる。時に絶望しながらも人を信じることで生きてゆけることを知っている。人生という物語は誰しも自分が主人公だ。「私」という主役を演じて、ひとりひとりの人生という劇場に、豊かな物語が描かれていくのだ。


人は皆、自由だ。自分の人生は自分で決められる。そう思っていた。子どもの時はのびのびと元気よく近所を走りまわったものだ。人目も気にせず大声で話し、大きな目で小さな世界に遊んでいた。そこには自分だけの環世界《かんせかい》があった。心はどこまでも広がり、この世界よりも大きいときすらあった。その瞳はいつも輝いていたものだ。

公園の草花、木々の輝き、小鳥のさえずり、路地裏の歓声、クラクションの音、あぜ道を歩く時、水田の風景、山々の雄大さ、冷たい風…春の兆し…雨粒の匂い…。その時はいつも時間が止まっていた。

たとえ親から叱られて泣いていたときも、その心には大きな安心感があった。友と語らい夢中で遊んでいるといつの間にか日は暮れ薄暗く星すら見え始めることもあった。そんな時が誰しもにあった。幼い時の想い出は切なくも懐かしく手放すことの出来ない大切な記憶である。

優しい父の声、口うるさくも愛に満ちた母の声、笑顔の祖父母、声をかけてくれた近所のおじさんやおばさんたち。人生には多くの人との出会いと別れとが待ち受けている。人との出会いこそが人生ということが出来るだろう。そんな中でひとり〈自分〉へと帰るときが訪れるようになる。泣いても笑ってもこの生は一回きりだ。自分の好きなように生きるしかない。

そして、人は人生に埋没しその使命を忘れ、この世界の真実の物語を語ろうとしなくなったのである。

風の記憶

風に触れていたときのあの心地よい記憶をたどることが出来るだろうか。


大地に足を下ろして立っていたあの時の記憶である。心地よい風が全身を包んでいたあの時のことだ。自分という意識次元の中で、ひとり立っていたあの記憶である。風はちょうどよいくらいに流れていき、全身に触れてゆく。肌をなでていく風の中で、心はどこか知らない世界を見てはいなかっただろうか。

季節が替わり春の穏やかな風のときも、夏のまばゆい太陽の下での快い風のときも、秋の殺風景で物悲しげな風のときも、冬の寒さが厳しい刺すような風のときも、大地に足を下ろした君はその不思議な風に知らない世界を見てはいなかっただろうか。厳寒のしんしんと雪が降り積もる世界に流れる静寂のように、

そこに凛《りん》としてどこか懐かしい精神を垣間見せられはしなかっただろうか。

大地に立ち世界の中心にいて、その深い世界と触れていた記憶があるだろう。誰からも邪魔されることのない自分だけの世界である。流れる時間は消え失せ、静止した時間に抱かれるようにして〈その時〉を体験させられるのである。

大地の薫りが漂い心を癒やすかのように風は身にまとわりついて去っていく。二重に三重にそれ以上に風が心に入り込み溶かすかのように日常から人を解放する。何もかもを忘れさせてしまうかのようにその風は心をとらえて離さない。その心地よさに時間が消失する。風は同時にきらめく光を伴って目の前を過ぎ去り、異次元へと誘《いざな》うかのようにまたまとわり、佇《たたず》んで消失する。

これはどこかで見た風景。しかしそれがどこなのかが思い出せない。どこかで体験したことのあるこの記憶、この懐かしい感覚、脳に突き刺さる匂い、吹き抜ける感触、微《かす》かな呼吸に合わせて体内で響いている心臓の鼓動、空間が導いてくる次元感覚……心の静寂は周囲の騒音すら消し去ってしまう。自然は幾重にも重なって見え、何種類もの光を放ち色を放ち音を放ち匂いを放っている。鏡像の自分が三六〇度の全方位から意識され回転し、自我なる存在に初めて気付かされる瞬間でもある。自我の探究は〈自分〉との再会の最大のチャンスとなるはずだが、まだここでは君はそのことをまったく知らない。

眼から光が入り映像が脳に映し出される。耳から音が入り脳が分別《ふんべつ》する。鼻から薫りが入り脳を刺激する。肌は風を感じ〈何か〉を呼び醒ましてくる。一瞬のひと時が永遠の時となって君に襲いかかるかのように「引き付けの力」をもって君を支配していた。その事をこれから語ろう。

風が止んだとき

君は日常へと返りいつもの時が流れはじめる。「日常」この不可解なことばは現実に君を支配し、君の自由を奪い、君自身となって君を襲う。その日常の中へ君は今日も誘《いざな》われるのだ。君がまったく意識することなく、何の抵抗をすることもなく、君はいつもと変わらない日常を営み始めるのである。生きている人間とはそのような「もの」だ。「もの」とは〈者〉ではなく〈物〉であるのだ。

「人間とはそのような〈物〉である」

不思議なことに物質は化学反応によっていろいろな物へと変化していくのに人間は人間のままだ。庭の木だって木のままである。しかし、量子の世界では一切は固定されることなくすべては生滅《しょうめつ》を繰り返しているだけの泡のような存在でしかない。その意味では物質のすべては「ゆらぎ」の世界の産物であるのだ。ゆらぎこそが一切の真実であり、この世を支配する法則の扉を開く鍵でもある。

風の中に佇《たたず》んでいるとき、心の中を通り抜けていく「何か」の思いがある。それは「無限」だ。心はどこまでも広がり、際限を知らない。どこまでも流れ行く風と共に心も自分の身体から流れ出て行くのが分かる。そして周囲ととけあい、融合していく。そこには〈自〉〈他〉の別すら感じられなくなる。時間の中の自分と空間の中の物質としての存在として、いまこの場に実存する自分を感じながら、それらとはまったく別の〈自分〉がいることにも気付かされるのである。

賢者がこんなことを言っている。

「何であれ為《な》すのは不可能だ！」

何であれとは何であれである。人がやろうとすることのすべてについて、人は為すことは出来ないというのである。こんな事をいうと、私はこれもやったあれもやったという人がいるだろう。しかし、それは〈真実〉を知らないからだ。人は真実を知らない。〈真実〉とは存在の真実であり生きることの真実のことだ。「行為」の真実も人は知らない。「私がやったと信じている事」もそれは誤りだ。ただの無知からきた回答にすぎない。〈私〉は何もやっていない。いま筆者がペンを走らせているのも〈私〉がやっているのではない。それは〈何か〉だ。〈何か〉が〈私〉を動かしているのだ。もちろん憑依霊などという次元の話ではない（笑）。君という〈私〉について話をしているのだ。

そもそも〈私〉とは何だろう？

人は〈私〉として生きているが、その〈私〉を知ることはなく、ただ〈私〉と思い込み信じ込んでいるだけである。〈私〉の影を踏むことすら出来ない。日々を楽しんだり泣いたり頑張ったりしているけれども、そうしている〈私〉を自分だと思い込み、自分のことを〈私〉というのだ。そんな〈私〉はどこにいるのかと訊かれると突然不安が襲ってくる。〈私〉はここにいるではないか――と確認するように自分に言い聞かせるように口にする。

「私は私に決まってるじゃないか！」

人は一様に皆そう叫ぶ。確かにそこにいるのは人だ。〈私〉という人がそこにいる。そしてその人は言う。あれもこれも〈私〉が為した、と。この本を書いているのは筆者のこの〈私〉だと、人は言う。

本当にそうだろうか!?

では訊くが、君なる〈私〉は何を知っているのだろうか。猛勉強をして一流大学に行った人は行っていない人より何を多く知っているというのだろうか。知っているのは〈言葉〉だ。ただそれだけだ。果たしてその〈言葉〉の奥の真実を知っている者は誰一人いない。ただパズルをつなぎ合わせるだけの〈言葉〉を知っているだけであって、〈言葉〉そのものの真実を知る者はいない。

そもそも「ことば」とは「こと」と「は」から成っている。「こと」には「言」だけでなく「事」のことも指し、重い意味があったため、軽い意味を指す「端（は）」を加えて「言端（ことは）」とし、和歌の影響で「言葉」となった。言の葉とは、かくの如き豊かな彩《いろど》りではあるが、軽い意味でしかなかったものだ。それがいつの間にか権威者へと変身していくのだ。

そこから君の迷いが増大することになる。こうして君の人生は、不可解で謎に満ちた複雑怪奇な小説を語り出すようになるのだ。

人は何も理解していない

秀才と愚鈍と金持ちと貧乏とハンサムとブ男とどれだけの差があるといえるだろうか。〈真実〉の前にはそれらはすべて同じであって何の違いもない。ただこの世を生きるのに有利で「物の人生」で得をしているだけにすぎない。評価されるかされないか、金が有るか無いかだけのことで〈真実〉とはまったく関係ない。〈真実〉にとってはそれらは何の役にも立たない。それどころか、却って逆効果でさえある。

人は〈真実〉について何も知らない。

〈真実〉とは何か

〈真実〉とは明かされないものだ。及ばないものだ。誰もが興味がないことだ。だから〈真実〉を誰も語ろうとはしない。語ることが出来ないからだ。〈真実〉は目の前にあっていつも遠い淵の中に沈んでいるものだ。〈真実〉は追い求めれば求めるほど遠ざかってゆく。なぜなら追い求める者はただ〈言の葉〉

だけを追いかけるからである。そんなところに真実の「こと」は存在しない。それは「ことば」からは発見することは出来ない。

人は自分自身を知らない

君がいつも用いている〈私〉という君は、自分の存在に気が付いた時にはすでにこの世に存在し、本当の〈自分〉を覆い隠していた。親や兄弟や近所の人たちがいて君なる〈私〉は始めから〈私〉だった。〈私〉ははじめは〈自分だけの私〉だった。目の前の物はすべて〈自分〉のものだったからだ。初めて目にするもの、耳にするもの、触れるもの、あらゆる物が横溢《おういつ》していて興味は尽きなかった。一瞬一瞬が興奮だった。〈自分〉は〈私〉を自覚することなく目に映る物に心を奪われていた。耳に聞こえるものに心惹かれた。肌に触れるものに刺激されていった。まだ〈私〉はどこからも自覚されていない。君は〈自分〉と同化していたからだ。

〈私〉をとらえることは出来ない

君は無自覚のままに〈私〉を演じ続け、自己主張を続けている。だが、この世に生を受けた直後の赤ん坊のときは、おなかが空いたと泣き、抱いてほしいと泣き、オムツを替えてと泣き、動きたいと泣き続けた。泣かないときは、声を出してみる、叫び、壊し、夢中になり、目の前の世界に没頭していた。すべては自分の世界なのだ。

この時は、まだ〈私〉はどこにも出現していない。ただの赤ん坊という機械そのものだった。カントがいう「もの自体」の中に生存していたのだ。

〈他者〉の出現

そのとき、目の前に〈他者〉が現われてくる。自分の〈もの〉が〈他者〉との間で奪い合いが生じたときに、その瞬間だけの〈敵〉の存在を認識することになる。それは単に一瞬の障害として現われる。それを幾度も重ねるうちに、その障害は奪う者として概念化され、さらに顔の認証が可能となると識別するようになり、〈敵〉として更なる概念化が進むのである。

敵は多く存在し、敵とならない者がいることも経験し始めた頃から目の前の動く物体を他者として認識させられるようになり、それに対峙する自分を初めて〈私〉と認識する。しかしそれは相対としての私だ。自分のものを奪い取る相手に抵抗する者としての〈私〉なのであって、〈他者〉の存在なくしてはその〈私〉は生まれ得ない。厳密には、まだこの時には〈私〉は種となって蒔かれた状態で〈私〉は発動していない。

そのとき君は、「それは自分のだ！」と叫び続けていたことを覚えているだろうか。

その〈敵〉も〈私〉が存在しない限り認識されない。認識とは常に〈他者〉の存在に依存しているものであることを忘れてはならない。だから〈他者〉がいなくなれば〈私〉もいなくなるのだ。

赤ん坊の場合、そこに働きかけている意識は〈自分〉でしかない。その〈自分〉は〈私〉へと未だ分化したものではない。赤ん坊は〈自分〉すら未だ自覚していない。そこにあるのは「ただの欲求」だけである。母親へのオッパイの渇望とダッコの要求である。さらには、身体の成長に伴う運動の欲求と知識への欲求すなわち知らないものへの好奇心である。

それからの生は常に〈他者〉との共存であり〈他者〉に依拠する関係となる。こうして〈私〉は〈他者〉に寄生するかのように〈他者〉の中に棲み付き、〈私〉を生きるのである。しかし、そこには〈私〉など実はどこにも存在しないのだ。なぜなら〈私〉は常に〈他者〉との共同作業としての現象にすぎないからである。

〈私〉も〈他者〉も互いに依存して存在しているにすぎず、何一つとしてその存在の絶対性や本質としての真実については知らないのだ。実は知ろうともしないのだ。

幼いなりにも自我なるものが芽生えてくると〈自分〉の意識は希薄となり〈私〉への依存が徹底されていく。自我は〈私〉の中に入り込み、他者の言動と対立し、強い者からは逃げ出そうとしはじめる。その頃になると〈自分〉は〈私〉と〈他者〉の中に埋没し、その存在はまったく窺《うかが》い知れないものとなってしまう。

恐ろしいことに人はこの時〈自分〉すら失いはじめるのだ。そして〈私〉だけが君を支配するようになる。〈自分〉から出発したはずの人間はいつの間にか〈私〉へと分化するのである。その〈私〉は常に〈他者〉を意識し続ける。〈他者〉との生存競争がスタートするのだ。〈もの〉を取り合うために。

〈もの〉とは何だ？

〈私〉と〈他者〉が取り合う〈もの〉とは何だ。それは一杯有る。幼い時はオモチャだ。オヤツだ。〈私〉が気に入ったものだ。そして何より母親の愛情だ。兄弟姉妹がいると親からの愛情の奪い合いが発生する。お砂場での陣地取りもその一つだ。幼児だけでなくその母親同士ですらそれを行なっている。

小学生になると先生の取り合いが始まる。誰しもが先生からの評価に踊らされるようになる。先生からの無神経な一言で傷つき、友からの悪意を込めた言葉が突き刺さるようにもなる。さらには、「いじめ」

が始まる。強い子が弱い子をいじめ始める。彼らは〈私〉の時間と場を専有しようとし始めたのである。いよいよ、勝ち負けの世界へと突入する。〈私〉はいよいよ〈他者〉を〈敵〉か〈味方〉かで判断するようになる。〈私〉は〈敵〉から〈私〉を守るために思いつくあらゆる手段を講じるようになる。その時に得ようとする〈もの〉は安心である。喜びや楽しみではない。不安が常に襲う情況では子どもは安心を求めようとする。

その結果、猛勉強して学校の成績を向上維持しようとする者とスポーツや芸術などの才能を発揮する者と、親の手伝いや友人との遊びや友情に価値を見出す者と、その現実から逃げ出して、空想の世界に入り込む者、そして登校拒否へと進む者とに別れていく。

いよいよアイデンティティ（自己同一性）が自覚されはじめるときである。その明確な意識は脳が完成する十歳からスタートする。

自己を求めて思春期は反抗する

そして、いよいよ人は思春期に突入する。親への反抗、教師への反抗へと人は向かっていく。それは人にとって初めての自分探しの始まりを意味している。この時〈私〉は疾《と》うの昔に〈自分〉を見失い、〈私〉だけの世界に生きているのだが、もはやそのことを理解することはまったくない。〈私〉は〈私〉であって〈自

分〉などという得体の知れない存在へなど、もはや意識が向かうことはないのだ。
〈私〉は友人たちとの美醜やテストの成績の差や楽しい奴と楽しくない奴などを意識するようになる。各種グループもその様な基準のもとに作られていき、その中に入れなかった者たちは孤立へと向かわされ、孤独な青春を味わわされることになる。

人が求めている〈もの〉は居心地の良さである。それは自分の嗜好の対象であり、場の専有欲求である。〈私〉と〈他者〉は常にその勝敗を決している。そして負けた方が折れ、相手へとその場を譲るのである。この様にして〈もの〉は常に争奪されていく。誰もが何かを失い何かを手に入れていくのだ。そこには弱肉強食の生物原理が働いている。意志の強い者が弱い者を駆逐していくのだ。だが、駆逐されたかに見える敗者も逞しく自分の世界を見つけ出し、そこに居座りを始めるのである。

たとえば、それは無言という行為によって示されたり、シカトという意志によって誇示されていくのだ。〈私〉は決して負けを認めようとはしない。なぜなら〈私〉は〈他者〉や〈敵〉がいる限り絶対に消失しないからである。〈私〉は〈敵〉によって存在させられているのだから。

生物機械は発情する

そして青春まっ只中、生物としての人は恋に落ちる。君なる〈私〉は意中の相手としての〈他者〉への同化が強いられ、〈私〉の意識はそれまでのものから大きく広がり、〈他者〉を自己なる〈私〉として受け入れ始めるのだ。それが正しく機能しない未成熟な者の中には〈他者〉を理不尽に奪い取ろうとする者も出てくる。この様に常に人は〈私〉の欲求のままに欲しい〈もの〉を手に入れることを目的として生き続けるのである。

そんな中で「恋」は人を大きく変容させる機能の一つである。それは成人する男女における偉大なる意識の変革にして最も愚かしい生物行動でもある。誰一人これに抗する力を有することが出来ない。すべての人が恋に陥るからである。もしその経験がない人がいたとしたならば、それは明らかな何らかの機能障害が生じていたためで、正常な状態での無経験ではない。たまたま恋の対象が目の前に現われなかった場合と同じである。両親と山奥で一生涯過ごした者には、両親以外の他者は動物と自然しかなく、その様な者には恋は生じない。その対象が存在しないからである。こういった特殊ケースを除くと、人は皆、思春期に恋をすることになる。それが定められた機能とも知らずに。

「恋」はまことに理不尽である。〈私〉の意志を無視して突如として出現する〈他者〉であるからだ。それはいままでの〈他者〉とは本質的に異質であり、新たな人生の真っ新《さら》なページの出現でもある。そこに新たな意識を書き綴《つづ》ることになるのだ。そこを支配するのは〈他者〉なる恋相手であり〈私〉は従う者となる。人生で初めて〈自〉〈他〉が逆転した瞬間でもある。こうやって否応無しに君はその意識や心を拡大させられていくのである。それが〈定め〉だからだ。君も誰もが同じ法則に閉じ込められ、人格の進化を強要されている。不思議な〈力〉によって。

〈自己〉と「人格」

自己なる〈私〉の無力を痛感し、〈私〉は〈自己〉を見詰めるようになる。〈自己〉とは自省の意識を中心としたところの客観的であろうとする「視野意識」のことである。それまでの外を見ていただけの〈私〉から内面へも目を向ける自己が誕生してきたのである。

〈自己〉は〈私〉を拡大させ、君はおとなへと羽ばたく準備を始めるのだ。だから、正しい恋の経験をしていない人は拡大した〈私〉が生じにくく、子どものままに成長するシンデレラシンドロームやピーターパンシンドロームが出現する。恋は死にそうになるほど苦しんで初めて成長の糧となるのだ。ただ欲求を主張し、手に入らないと泣いている者には成長はない。これをスルーしていると、おとなへとは成長しない。童顔のまま年齢だけがおとなとなっていくのである。

正しい恋は、激しさと同時に、受け入れの心情がなければならない。これがなければ幼児のわがままな欲求とどこも違わないものとなる。この「受け入れ」こそが人を大きく成長させ、それまでの小さな〈私〉から大きな〈私〉へと変容させてくれるのである。これが「人格」の形成である。だから恋を経験した者の顔は豊かとなるのだ。

しかし、そこには常に別れという悲しみが付いてくるのも、この恋の定めである。かくして恋は青春の清き想い出として記憶されていくことになる。それはソーダの味に似ているかもしれない。いまどきはジェラートの味だろうか？

もし君が命を懸けた恋をしたならば、それは君を地獄へと導き君の精神は引き裂かれ、命の血をしたたらせながらの交わりとなるだろう。かくして〈私〉は次のステージへと上ることになる。

人は自分の意志と関わりなく恋に落ち、翻弄され否応のない精神の葛藤を体験させられることになる。それは次のステージのためだとは誰も知らない。だからこの事をないがしろにする人たちがいる。真剣に関わろうとせず肉体関係だけに終始する者たちがいるが、それは正しいことではない。この様な者たちに次のステージが用意されることはない。

君は青春のほろにがい味を覚えているだろうか。切なく苦しかったあの味である。

何もかもがうつろに見えて輝いていたあの時のことだ。その時の風を覚えているだろうか。心の中を通り抜けて行ったあの風のことだ。寒々としたその風は、荒涼とした大地の上を無情に過ぎ去っていったではないか。

君はこうしておとなへと上っていくのだ。あの時の荒涼とした大地の風を体験しなかった者に何が分かるというのだろう。否、もっと苛酷な状況で時を過ごした若者もいる。それは死との直面である。家族や友の死を体験した者たちの風はさらに激しくさらに苦しいものであった。嵐の中や土けむりが辺り一面を被い、自分の進むべき道すら見えなくなってしまっていた。その時は、差し込んでくる光でさえ苦しいも

のに思えた。悲しい光はそれでも〈私〉を文え、そのときに〈存在〉の真実について、少しだけその影を垣間見せることになる。しかし、その真実に気付く者は皆無に等しい。さらにその真実も表面を見せるだけで深奥を見せることはない。

〈他者〉からの評価

親の庇護から離れた人はいよいよ独立することになる。社会人として一人立ちするのだ。そこには不安と希望とが入り混じり、〈私〉は初めての厳しい世界に萎縮することになる。自信満々だった者も現実の厳しさに必死でついていくだけだ。学生時代に拡大していた〈私〉はここにきて再びと小さな〈私〉を見ることになる。そして、評価や優越、さらに出世による権力を手に入れようと考え始める。社会人となった君の姿である。

人は常にその様に〈もの〉を求め続けるように出来ている。そこから抜け出すことなど考えることすらない。微塵もである。肩書きがものをいい、高学歴高収入がもてはやされ、人間の価値は〈もの〉でしか判断されなくなるのだ。この様に〈私〉も〈他者〉も求めているのはただの〈もの〉なのである。〈もの〉のために一生を賭けて努力し続けるのだ。〈もの〉は人生のすべてとなり、心のすべてとなる。にもかかわらず、人間は自分である〈私〉を知らないのだ。知ろうともしないのである。〈真実の自分〉

どころか〈ニセ物の私〉すら理解しようとしないのだ。その意味でこのニセ物の〈私〉を見詰めようとする者だけが真実を知る可能性を見出すことになるのである。

〈私〉は〈自分〉自身ではない

〈私〉はどこまでいっても〈私〉だ。常に〈他者〉を意識しながら存在する者だ。〈他者〉なくして生きていくことは出来ない。そのアイデンティティは〈他者〉と同化しているということすら出来る。その意味では〈他者〉こそが〈私〉であるのだ。そんな〈私〉など確たる存在とは言えないことになる。いったい〈私〉とは何者なのか。果たして「何者」ですらないのかも知れない。「何者」ですらないということになれば、この〈私〉もただの〈物〉でしかないことになる。

〈物〉とは何だろうか。〈物〉は〈もの〉でもある。形のある〈物〉と形のない〈もの〉とがある。どちらも真実のものではない。見せかけ上のただの〈もの〉だ。自分を着飾るものでしかない。権力も名声も評価も豪邸も高級車も宝石もブランド品も、あげくは愛情まで、どれもこれもが愚かな〈私〉の飾り物にすぎない。飾り物とは依存するもののことだ。虚飾である。

世の中の一切は〈私〉の身にまとう虚飾でしかないことに気付けたならば大したものであるが、気付けたと思うその傍らから次の物へと執着が生まれてくるのが〈私〉である。そしていつの間にか虚飾は〈私〉

そのものとなり、〈私〉は虚飾そのものへと変質する。

何のために生きているのか

では、〈私〉や〈他者〉は何のために生きているのだろうか。そんなものに何の意味が有るのだろうか。ただ〈もの〉を求めているだけの「生」に生きる価値など有るとはいえない。ここに生きているはずのこの〈私〉の実体は、どこに有るというのか――

だから人は迷うのかも知れない、ということになる。人が恒常的に持つ「迷い」や「不安」はそれ故に生じてくるのである。そこから誰も抜け出すことが出来ない。こんなことをいうと「私は抜け出している。その証拠にこれだけの成功をおさめ名声も得ている」と自信たっぷりに語る人がいるが、それは単に〈私〉の中に埋没していただけの話だ。

それは強い〈私〉が〈もの〉へ誰よりも強い執着を見せて勝ち取ってきた、彼にとっての勲章でしかない。しかし、所詮それは〈もの〉だ。世の中の成功は、「不安」や「迷い」から逃げるための方法でしかなく、それ以上のものではない。人間は「不安」や「迷い」を解決する道を歩んできたのではない。「強さ」は「弱さ」の裏返しでしかないということを彼は知らないだけだ。彼は何一つ克服していないのである。その道を歩みかけている君も何一つ知らないままだ。

〈私〉は自分自身ではない。〈自分〉は幼い時、他者が登場したその時から、忘れ去られてしまったのだ。恐ろしいことに、単に忘れ去られただけではなく、〈私〉にその地位を奪われ、もはや〈自分〉など存在しなくなってしまったのである。だから、この様な問いかけにも人は正しい答えを述べることが出来なくなってしまった。

〈私〉が〈自分〉ではないことに人は気付かなくてはならない。だが〈私〉を絶対と思い込み、その意識を手放さない強い意志の持ち主ほど世の中で成功し、発言力を持つために、誰もがそれに影響を受けその欲望に満ちた発言を正しいと思い込まされて、ますますこの〈自分〉不在の構造が人を支配し続けるのである。これが社会だ！

果たして何を得たのだろう

自信満々に生きている人たちは、自他共に認める実力の持ち主である。その実力とは、この世の発展や維持に重要な役目をなす力のことである。世の役に立たないものに自信を持つ場合は、ギャングのような強さ〈力〉に依存する世界に生きている人たちだ。普通の人たちの自信や実力は自他の承認が関わっているものである。人が持つ承認欲求は他者の目をいつも気にする〈私〉を形成させていくことになる。

赤ん坊の時の母親への承認欲求は、おとなになると周囲にいる〈他者〉からの承認を求めることへと変わっていく。これがうまくいかないと次第〳〵に自信を失うようになり、そのあげくが鬱《うつ》である。現代日本はこの鬱が大変に増えた。〈私〉が〈虚飾〉と同化してしまったためである。大学の新入生や社会人一年生を襲う五月病も〈私〉の不確かさから生じるのだ。〈他者〉への依存度が高い者ほどこの病気にかかることになる。

そんな中、君は順調に出世しているかも知れない。或いは少しずつ出世の階段から外れていっているかも知れない。もっともこっちの方が「出世」の語源には近いことになる。本来「出世」とは仏教用語で、俗世間を捨てて修行者となることをいうからだ。しかし、そのどちらになろうともそこには「真実」など存在しない。どの道を進もうが真実に辿り着く者などいないのである。はじめから誤った道を歩んでいるからだ。

自信とは何だ？

あの自信満々の人物たちの〈私〉はどこに根付いているのだろう。彼らは見せかけの地位や、少しだけの知識や技術をもって自信を持つのだ。それは〈他者〉の承認が得られているからである。もちろん、ずば抜けた一芸に秀でたものには何かが見えてくるかも知れない。生涯をかけてその道を極めた人だけにはその真実が見えているかも知れない。そんな人はこの世にほんのわずかだ。大半の人間の自信はただの見せかけだけのものだ。目の前の立派さだけにすぎない。それをいくら積み重ねても、そこから真実に辿り着く者はいない。

それどころか、その様な〈私〉は自慢し優越を誇り、〈他者〉を見下すものだ。〈他者〉を見下した時から、人には真実がまったく見えなくなるのだ。〈他者〉に対し純粋に怒る者には真実と出会う可能性があるが、見下し差別する者の怒りからは真実は絶対に見えてこない。だから、その辺にごろごろいるニセ物の自信に満ちた者など信じるに値しないのだ。真実なる自信は、すべてを失った時に現われてくるものだ。何もかもを手に入れている者の自信など、無いに等しい。だから君がそんな自信を目指しているとしたら、いまのうちからそんな生き方は見捨ててしまうことだ。

どう生きるかを誰も知らない

誰ひとり自分がどう生きていくべきか知る者はいない。皆、こう生きたいと人は思うが、こう生きなければならないと思う者は少ない。なぜなら、どう生きるかは誰も教えてくれないからである。親から家業を継げと言われて仕事を覚えることはある。進んで親を助け、また自分から望んで家業を継ぐ者もいる。彼らは、継がなければいけないという先祖から受け継がれた伝統の重みを感じ、そこに自身のアイデンティティを見出しもするのだが、それは単に家業を継いだというだけのことであり、真実を見出したわけではない。

スポーツや芸能芸術技術の世界に夢中になる者もいる。楽しいからだ。しかし、どんなに心が躍動し心躍っても、だからといって真実に生きているわけではない。それは肉体への好奇心であり知識への好奇心でしかない。人はそう作られているからだ。ただ、そうやって夢中に人生を生きることが出来る人は遥かに幸せな人ではある。それは否定しない。問題は、人間とはそれで良いのか、という問いかけである。君も楽しければそれで満足なのか？　もしそうなら君には幻滅したぞ！　否、そうではない？　それなら大いに結構だ。きっと君には見込みがあると信じている！

生きている実感

君は、〈他者〉と君なる〈私〉とに違いが有ると信じている。だがすでに述べてきたように〈他者〉と〈私〉は依存する関係でしかなかった。〈他者〉と〈私〉になど、どれ程の差が有ると言えるだろうか。その差など無いに等しい。むしろ、「まったく無い」と言い切った方がスッキリする。

君はいつの間にか〈他者〉の中に埋没してしまっているのだ。だから休みの日になるといつも繁華街へ遊びに行きたがる。〈他者〉がいなければ自分なる〈私〉を実感できないからだ。実存する自分〈私〉をリアルに実感したいために〈他者〉に会いに行くのだ。生きている実感が欲しいのだ。〈他者〉なくして〈私〉を見出せなくなってしまっているからである。

だから、どう贔屓目《ひいきめ》に見ても感動するとは思えないコンサートに一万人もの人が集まってくるのだ。それは現実に生きている自分を、大勢の他者を通して実感したいがためであるのだ。それは自己確立が出来ていないことを意味しているのである。

だが、〈他者〉にすら〈私〉を見出せなくなった者たちもいる。〈他者〉も〈私〉もその存在が希薄で、生きているという実感が乏しいと感じる者たちだ。その者たちの選択は激烈である。その最たるものは傭兵として死地へ向かう者たちである。冒険者たちもそうだ。彼らは生死の刺激の中でしか生きていけないのだ。それは生きている実感を追求している姿でもある。

そういえば、三世代前の日本人も戦争という死地の中で生きていた時代があった。いまの日本人と比べると圧倒的にたくましかった。誰もが自立したおとなだった。二十歳前後で覚悟を強いられ国のために命を散らした彼らの生き様は立派であったと同時に、悲劇でもあった。その中には、真実について気付いた者もいただろう。真実を知るには、それ程の覚悟が必要なのだ。

だが、それをいくら繰り返しても、機械の人間には本物の真実を見出すことが出来ない。

君はいったいどこにいるんだろう？

ふらふらと街を歩いている君の姿を誰かが見ていたことに気付いたことがあるだろうか。常にどんな時も、〈他者〉の眼差《まなざ》しが君をとらえて離さない。しかも、その眼差しを求めて君はここに来ていることに気付いていない。そのくせその眼差しが君の心を射るような鋭さを持っていると、急に不安が襲ってくる。このあいだ積み上げたばかりの自信がまた揺れ始め、地面に落ちた、あの時のことを君はもう忘れたとは言わせない。

君は何から逃げているか考えたことはあるか。

君は楽しいから友と話し遊んでいるというが、本当はそうしていないと自分の存在が不確かに感じるためではないのか？　ラインが途絶えたり友と会えなくなった途端に君を襲う不安が何か、気付いているだろうか？　それは君の存在の不確かさだ。そして明日への不安を直視することから逃げていただけのことだ。だからいま頃になって慌てて就職活動や技能の習得に走っているのではないか？

しかし、どんなに技能が優れ、知能が高くても、真実について何も知らないということだけは確かなことだ。君は何も知らない。何も変わっていない！

人に会いたい。でも不安が襲ってくる。誰からも無視される不安だ。そして。何かが私を追いかけてきて襲いかかろうとする。それは孤独だ。どうして〈私〉だけを襲うのかは分からない。でも不安が〈私〉を正しい路から逸脱させ、孤独が知らない脇道を歩み出させる。何を求めれば良いか分からないままに…。

〈他者〉の眼差し

君の中の落ち着きのなさは何だ。未来への不安もある。能力の低さからくる不安は辛いものだ。しかし、自信満々の君にも不安はある。〈他者〉が君を認めないことだ。どんなに君が「私は優秀だ！」と叫んだところで、誰からも相手にされないのでは哀れなだけだ。世の中には成功者と呼ばれる者たちがたくさんいる。歴史上の人物となるとさらにその上の存在だ。自信満々の君も彼らの前に立つとき、その自信はゆらぎ始める。本当にこれだけのビッグになれるだろうか、と。

そして、権威の視線が君を射抜いてくると、君は途端に萎縮してしまう。堂々たる者たちの眼差しに対し、堂々と見返すことが出来るのは、身の程知らずの者だけだ。しかし、それだけではない。その辺の成功者とまでは言えない一般の人たちの眼差しでさえ、まともに自分に向けられると不安が襲い始める。

こうして〈他者〉は「眼差し」という別な存在として君を襲うようになる。それは思いのほか強い力で君を拘束するようになることをまだ君は気付いていないかも知れない。不幸にして幼い時からそれに襲われた子は自閉症となり、閉じ籠もりとなる。眼差しは強い力で〈私〉に襲いかかり〈他者〉との間に壁を設けるようになる。

日本人がオープンな会話を苦手とするのはこのせいだ。しかし、お国が変わってアメリカなら〈他者〉

の眼差しは親交の合図となる。反発なら言い合いとなり論戦が始まる。眼差しを恐れる者とその反応は真逆だが、〈真実〉からはそれらの両極端は同じものでしかない。〈他者〉の眼差しは怖れるものでも対抗するものでもないことに早く気付かなければならない。

それが人生を楽に歩んでいくための秘訣であるのだ。〈他者〉の眼差しは、君の人生のどんな責任もとってはくれないということである。にもかかわらず、人は〈他者〉の眼差しに心を奪われ掻《か》き乱されるのである。

こうやって人は成長するのだ。君もその例外ではない。

存在と知識

加速する知識

世の中には余りに多くの知識が存在する。価値の有るものから無いものまで際限のない知識が情報として発信され蓄積され、さらに積み上げられ続けている。生きるとは、この知識を覚えることに他ならないといっても過言ではない。より多くの有益な知識を身に付けた者が、この世で優位に立つことを意味していることは確かだ。

自然科学といわれる分野がある。その知見は実に素晴らしくその発見には目を奪われる。未来に対して希望を与えてくれるものだ。中でも量子力学の世界は、この世の真実についてその淵を語り出しており、驚嘆に値する。これが最高の知見だ。知識といっていい。これに比べると人文系の学問は格が一段落ちると言わざるを得ない。人文系はピンキリで、下の学問になるとおおよそ「学」の字を用いること自体に違和感を覚えるものすらある。その他にも、生きる上での人間関係におけるルールが存在する。このルールを無視するとその場所にいられなくなる。

さて、そこで考える必要がある。知識は人類の知恵として受け継がれてきたものであり、日々新たな知識が誕生している。そのスピードは異常と感じるほどに速い！　これほどのスピードで科学なり情報が発達し氾濫していくことは必ずしも正しいことではない。なぜなら世界の中心は「人」であるからだ。

科学が世界の中心なら一向にかまわない。だが、この世界の中心は人だ。人を無視して科学のみが先走ることは大きな危険を孕んでいることに気付く必要がある。科学も人の歩みと歩調を合わせていく必要があるからだ。

いつの時代も若者が新たな科学も思想も文化も創り出す。その若者も三十年後には老人となり、時代遅れとなるのだ。その程度の速さなら問題ない。ところが、近年の科学とりわけコンピューターの進化はシンギュラリティ（ＡＩが人類の能力を超える技術的特異点）と共に人類の知能を超越し、人類を支配する段階に突入する。

君はそれに正しく対処する能力を身に付けているだろうか。

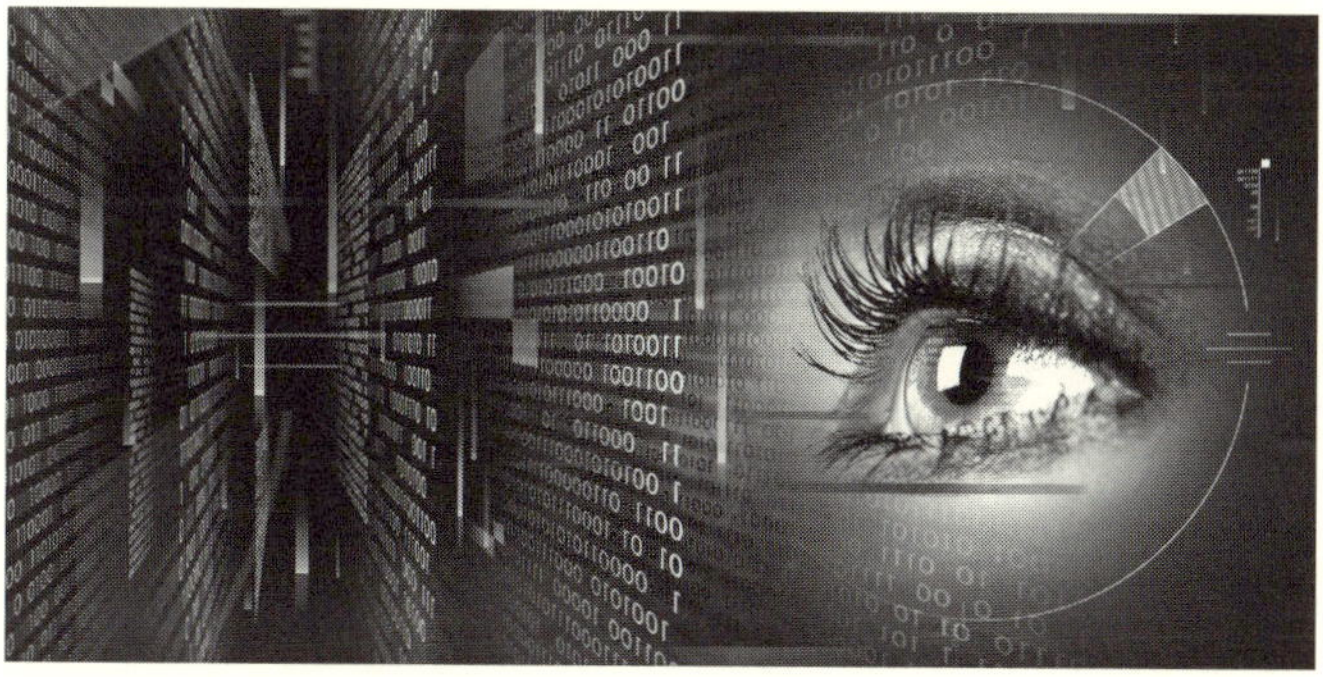

人類は科学の進化を急ぎ過ぎたかも知れない。これからの人間は機械に支配され、いままで以上に自分を見失っていくことになるだろう。

すでにテレビゲームにはまっている人々は正にこの典型ということが出来る。しかし、いずれ遊びとは違うもっと異質な次元として、それは目に見えない形で人類を奴隷のように支配することになる。

「知識」とはいったい何だろう。それは、人類の命すなわち生存に関わることである。知識がなければ農業や漁を営むことは出来ない。災害に対処したり逃れることも出来ない。進んだ医療技術の恩恵に与《あずか》ることも出来ない。誰もが「知識」の有難みは嫌というほどに自覚している。それは知識と技術に対する有難味であった。

にもかかわらず、いつの間にか「知識」の恩恵ではなく、単に知識を知っているというだけの、何の役にも立たない人物らにまで、同様に権威が与えられるようになってしまった。あげく彼らは何の普遍性もない好き嫌いに過ぎない自分の主張をしはじめ社会を混乱させてきた。それらは単なる知識であって、自然科学が持つような客観性にはほど遠く、思考が不充分なままの好悪の基準に知識を牽強付会《けんきょうふかい》させたものが大半で、社会にとって害毒でしかない。

君はそんな社会の中で難しい判断を常に迫られているのだ。〈真実〉と出遇うために。

人類にとって知識は極めて重要なものだ。知識なくして存在の維持はあり得ない。悲劇は、その宇宙物理学が未来におけるこの地球の絶滅も太陽系の崩壊も銀河の消滅の答えも導き出していることである。皮肉なことに、人類を支えるはずの知識が人類に絶望を与えることになってしまったのだ。それでも知識を学ぶことは有益である、と主張する人たちがいるが、その論拠は何もない。心情としてそう語っているだけのことだ。一つだけ言えることは、この世に存在する以上、生きていく必要がありそのためには必要な知識は有用であるということだけである。だから否応なく人は自分に必要な知識を身に付けるのだ。身に付けなかった者は愚者、怠け者として見下されることになる。

人々の多くが勘違いしていることは、知識は人を幸せにすると思っていることだ。ところが、都会の中で情報に支配され、大量の知識を駆使している者たちが、必ずしも幸せでないことは誰もが知るところである。どんなに多くの知識を詰め込んだところで「幸せ」を手にする保証はどこにもない。

何のために生きているのか

人は何のために生きているのだろう。そもそも人の存在は何を意味するのか、その事を真剣に考える人は極めて少ない。なぜなら存在していることは空気が存在しているということとまったく同じことだからだ。人は何の疑問を持つことなく生き続ける。しかし、われわれは動物ではない。単に生存していることで、自分の存在理由とすることなど出来ないのだ。だがそんなことに考えを及ぼす心の余裕がないままに月日は過ぎ去っていくものだ。人はその日に追われ、社会人になってからはさらにそれに拍車がかかり、自分の生存理由を思惟《しゆい》することなく人生を終わるのである。

ここで考えなくてはならないのは、生存と存在が同義に用いられていることだ。実は、生存と存在はまったく別の概念であるのだ。生物として人として君がここに生存していることは間違いない。

だが哲学的に存在しているかといわれれば疑問なのだ。君が真にここに存在しているのかはさらなる思考が要求されてくる。君は生存している。そして、生長している。さらには「死」へと向かっている。十九歳の君も少しずつ二十九歳へと向かい充実した三十九歳となり、四十九歳でついに不具合を感じるようになる。あとは君の肉体も運も下がっていくばかりだ。衰えて、ついに病に冒され、耐え忍びながら最期《さいご》を迎えるのだ。

君はその時、家族に見守られながら逝《ゆ》くことが出来ればよいが、大半の日本人は病院の冷たい空間で死を迎えることになる。生きるとは何だ！　君は自身に問わなければならない。生きるとは単に生存していることでしかないのか。

世の中には金銭的に豊かとなり満足顔で死を迎える人たちがいるが、物質的に豊かなことが生の証しならこんな楽な話はない。だが〈真実〉はそれを相手にしない。そんなものにどれだけの価値が有るといえるだろうか。何度もいうが、〈真実〉の前では金持ちと貧乏の差など、これっぽっちも爪の垢《あか》ほどもないということだ。

そんなことに何の意味もない。単にこの世界で生きる上で楽なだけの話だ。もちろん楽なことは有難い。しかし、それを金科玉条が如くに思っていたとしたならば、その人物は哀れでしかない。〈存在〉について何も分かっていないからだ。彼は「生存」しているだけで〈存在〉していなかったということである。

人類の進化には二つの道がある

それは**「知識の道」**と**「叡智《えいち》の道」**である。叡智は人間の存在理由を示すものだ。この両者はこの世界にあって相補の関係にある。ところが実際は「知識」が圧倒しておりそのバランスは著しく偏っている。否、それ以上であり百と零の違い程の差となってしまっている。本来叡智は人間が生存している間、常に発達していくものであったのだが、圧倒する知識の前にその姿を顕わすことが許されなかったのだ。知識は幼い時から人を洗脳し、洗脳されたおとなたちの世界が出来上がれば、あとは知識だけの世界となり、叡智を追求しようとする者たちは異端とされ排斥されていった。

だがそれは誤りである。知識に偏ってしまった人類の傲慢でしかない。知識こそが叡智に依存しているのであって、叡智なくして知識は発生しない。そのことに人は誰も気付こうとしない。気付いたのは仏陀や老子たちの教えに心が動く僅《わず》かな人間だけだ。この世に人が存在する限り、この両者は車の両輪が如くに作用しなければならない。もちろんそのベースは叡智だ。しかし、この世は知識の力がなければ切り開かれない。

だから知識が必要なのだ。それは恰《あたか》も意識を運ぶために肉体が必要なのと同じである。この世に生きる限り、肉体は必須であり、意識だけでは存在し得ない。これと同様に、叡智も知識の手を借りなければ、人の生存を維持させることが出来ないのだ。

しかしその為に、人が金や物に依存しなければ生きていけなくなったように、人は知識に依存すればそれで事足りると勘違いをし始めたのである。そして、科学の著しい発展と共に知識は絶対の地位を築き、そこに依存する権威者を生み出し、この権威者によって二義的に知識はさらなる権威を身に付け、逆に叡智はさげすまれることになった。これがこの世の実態だ。賢い君にはここまで説明すると少し分かりかけているかも知れない。人間は進化過程の中で、特に二十世紀の科学の爆発的発展期において叡智を喪失することになってしまったのだ。一部の人間を除いて…。

改めていうが、決して知識を悪者扱いしているのではない。知識は人が生きる上において非常に重要なものだ。特に社会での共有という意味において重要な役割を果たすことになる。叡智はその点、個人的内容になりやすく全人類共有という点からは少し劣るところがある。その獲得は、マイスターのように個人における修行の差に大きく左右されるからである。その部分を知識が補完する関係にあるのだ。叡智との直観により知識を生み出し、その知識をもって叡智を語らねばならなかったのだが、時代は知識に権威を与え過ぎてしまい叡智を省みなくなった。たぶん正しくは、叡智を感受できなくなったのだろう。

〈叡智〉は〈存在〉そのもののことだ。

〈存在〉は〈叡智〉そのものということが出来る。そして〈叡智〉のみが〈真実〉を語ることが出来るのである。いまの世界は「知識」だけが突出し著しく叡智とのバランスを壊している。この状態がこれ以上続けば、人は崩壊する。肉体と精神のバランスを壊したときに鬱や発狂や自殺が生じるようにである。世界の一切は調和することを前提としているのだ。「知識」が〈存在〉や〈叡智〉に先んじ強い作用を持ち続けることは、人類進化のバランスを大きく壊し続けていることを意味している。それはいずれ何らかの災い不幸の形で人類に襲いかかることになる。地球という基準で見たときには、人類の数は完全に生物全体の人口バランスを壊し、地球の自然システムをも壊している。この観点に立っても、いずれ人類は地球からシッペ返しを受けなければならないことを意味していることになる。

パンデミックもその一つだ！

いま人類は未曾有の危機に立ち向かっている。中国で発生したコロナウイルスである。中国は食べない物はないといわれる程あらゆる物を食べる文化があるせいか、歴史的感染症の多くが中国から発生している。いまや全世界に拡大しその脅威は凄まじい。だが、これはまだ序ノ口かも知れない。このまま知識絶対主義がこの地球を席捲し続ければ、いずれその歪みはさらなる恐怖を人類に与えることになるだろう。だからその前に、この知識偏重の生き方から人は抜け出さねばならないのだ。

知識偏重は、優劣の意識とも一体化する。一流大学、一流企業という表現が正にその典型である。優位

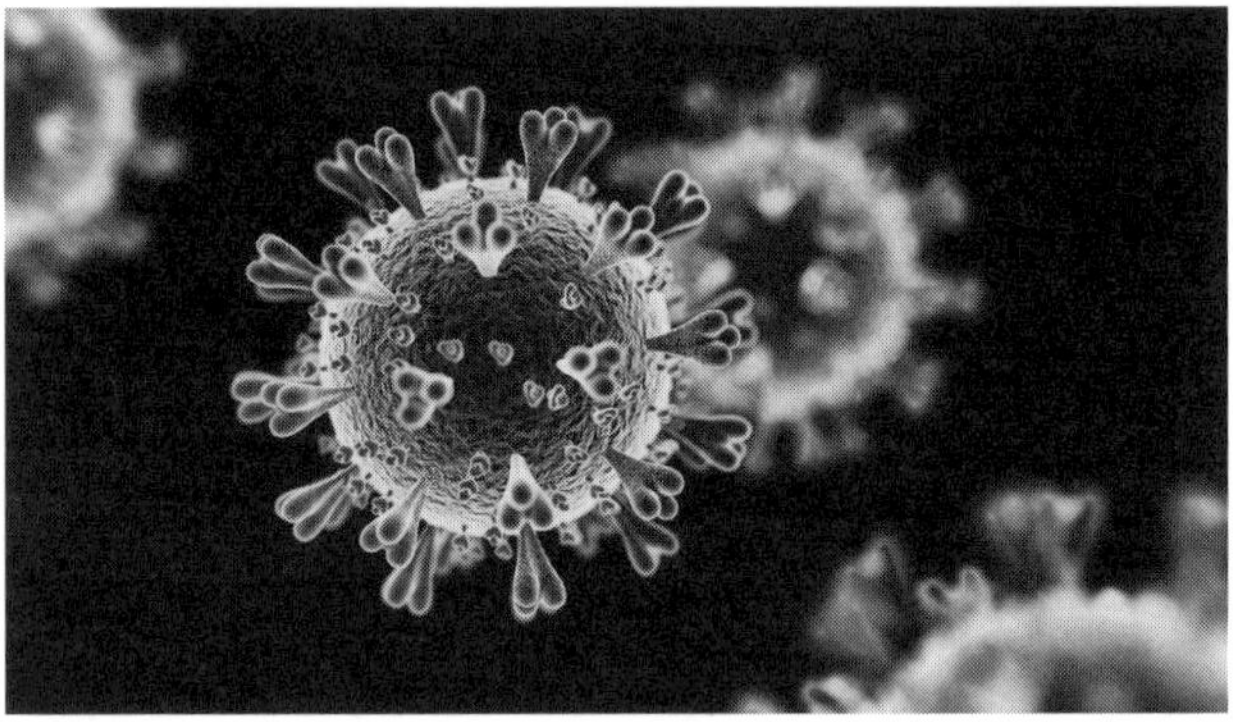

に立つ者は下位に立つ者に対して常に命令的であり、自分の意志に反する者には武力行使も辞さない。政治だけではなくマスコミの世界は正にその典型かも知れない。知識に偏った偏見が常に世をミスリードしていくことになる。そして最も怖ろしいのが力を持った国による支配である。

それは命令に従わない者への武力行使すなわち戦争を意味することになる。その前段階として知識は大量の兵器を作り上げる。それは知識が叡智を無視したことに始まっている。その結果は常に悲劇である。大量の人の死が発生する。女、子どもまでもが無残に殺されていくのだ。

叡智の喪失

その原因のすべてが叡智の喪失によるものである。人は〈叡智〉を手に入れるために〈存在〉について真摯に思惟する必要がある。生存ではなく〈存在〉についてだ。それは大自然が教授する〈叡智〉について導くことになり、存在の意味するところを理解するのである。

人は存在について何も知らない。ごく一部の人間を除いて誰一人考えようともしない。叡智について言葉が用いられることで、人々は時々彼らなりのレベルで再認識する。しかし〈存在〉についてはまったはまったく語られることはなく、考えられもしない。〈存在〉という文字が用いられてもそれはいつも生存を意味するするだけで、「存在とは何か」という問いには発展しない。一部の哲学者はこの言葉に言及するが、ここにいう〈存在〉にまで到ることは稀である。たとえ〈存在〉に到った者でもその根本の真実にまで辿り着く賢者は極めて稀となる。西洋においてはプラトンがそうかもしれない。

老子や仏陀が語るところの〈存在〉は実に不確かなものである。「有る」と言ったとたんに消えてなくなるものだからだ。「無い」と言うとありありと目の前に顕われる、人間の思惑などまったく相手にされない。知識など何の役にも立たないのだ。そんな世界のことを君は考えたことがあるだろうか。しかし、ただ考えたからといって何も分からない。いくら考えても、その答えは出てこない。なぜなら考えているからだ。

「考えろ、と言ったくせに、考えるな、と言い出すとはなんだ！」と君は憤慨しているかも知れないが、それが真実の姿であるのだ。その事を体得するために人は存在するのだ。体得はいくら知識を積み上げても得られるものではない。

先ほども言ったが、知識は叡智から生じるものだ。老子は、叡智も卑近なところは匹夫《ひっぷ》でも理解できると言っている。叡智だからといって一切が誰にも理解できないということではない。川は高い所から低い所に流れる。一年に四季があり生物はそれに遵《じゅん》じて生存している、というのも叡智の一部なのだ。こんな目に見えて分かることは特別教養がなくても理解できるということだ。その意味で、知識は叡智をどれほど理解しているかということと並立する。叡智レベルが低い者の知識はそのレベルに相応したレベルのものしか身に付かない。どんなに大量の情報を持っていても、それは並列の横広がりの内容であって決して縦軸へと伸びていくものではない。だからこそ、叡智の獲得が必須であるのだ。

この獲得のためには大自然と触れる必要がある。決して大都会では絶対にダメとは言わないが、何万年にもわたって生き延びてきた人類に刻まれた遺伝子として、大自然の中でこそ叡智が見出されやすいことを知っておく必要がある。

しかし、大自然の中で育ったからといって、必ずしも都会生まれの人間よりも優れているわけではない。素養が大きく作用するからである。素養がない者は大自然の中に育っても所詮は凡庸に終わってしまう。それは「直観力」ということが出来る。結局は、叡智は大自然から発せられているメッセージを、いかに直観的に捉え得るかにかかっているからである。そのためには勝れて鋭敏な感性が要求されることになる。図太いだけのやり手の人間にはこの叡智は理解できない。せいぜい単なる知識として川は上から下に流れると理解するだけである。その延長に物理学が発展していくのだが、それが単なる知識として解明されていく限りにおいて、それを生じさせている叡智の存在性については永久に理解できないのだ。

人は知識には大きな価値を見出すけれどもその奥で支配する〈叡智〉やそれら一切の〈存在〉の法則についてはその価値を認めることがない。認めたくても認めるための直観力を持ち併せていないために、理解することが出来ないのである。出来なければ出来ないでおとなしくしていればいいのに、愚かにも〈叡智〉や〈存在〉についての意味するところを意識的に否定するのだ。

恥ずかし気もなくといおうか、無知故といおうか、彼らはまったくそのことに対して厚顔無恥である。彼らはその意味するところをまったく理解できないだけでなく、理解できない対象を強く否定するのだ。何とも愚かな言動だが、これがこの世の真実である。彼らからは〈意識〉に対する明晰な分析は出てこない。

ましてや〈存在〉についてなど理解できるはずもない。

叡智と調和しない「知識」は人類の進化にとってマイナスにしか働かない。必ずどこかで破綻することになる。知識は細分化され、病院に行っても科は連携されておらず、すんなりと正しい病名にたどり着けないことは常である。病気の根源的原因の見極めは出来ず、治療判断の不充分さは日常である。それと同じように細分化された知識の専門家たちには〈存在〉の全体が見えてくることはなく、その存在の意味すら理解できないままに科学者を名乗り続け民衆を正しくない方へと導き続けることになるのだ。学校教育でのその破綻は目を覆うばかりである。君もその〝恩恵〟に与《あずか》った一人ということになる。

自由とは何か

サルトルの迷い

君に「自由な意志」はあるだろうか。毎日君は何かを考えて生きているが「自由に」ものを考えたことがあるだろうか。哲学者のサルトルは「人間は自由である。人間は自由そのものである。もし神が存在しないのなら、われわれは自分の行ないを正当化する価値や命令を眼前に見出すことは出来ない。われわれは逃げ口上もなく孤独である。その事を私は**〈人間は自由の刑に処せられている〉**と表現する」と述べている。彼は「人間の存在は単なる偶然の産物であり、存在はまったくの無意味で不条理だ」と言う。

そして、神に拘束されていない人間は自由なのだと彼なりの論を展開する。そして「自由だからこそ何の指針もなくそれ故に却って不安なのだ」というのだ。彼は存在について考察したが、屈折していた彼には〈叡智〉が顕われることはなかった。だが、少なくとも「真の自由」について彼は真剣に思考している。そして、一切の指針なき自由は一切の判断が下せないことに気付いたのである。

その結果、サルトルは自分の学んだ道徳や教育の中から自分に都合のいいものだけを選択し、それを自分の神として生きることを決意したのである。

つまりは、彼には真の自由は手に入らなかったということであった。いいところまで哲学したのだが、最後の最後で、サルトルも、あらゆることに懐疑を持ちながら自分の意志だけは無条件でその存在を認めたデカルトよろしく自分の都合のよい価値基準へと落ち着いたのである。その結論は人間の限界と言うほかなかった。

君はサルトルと同じ過ちを犯すことなく「真の自由」を目差せ！　それは〈私〉を知ることから始めるしかない。

君はいつも、何かに捕らわれていることに気付くだろう。その捕らわれは雑多にすべてのことに付随している。朝起床するところからそれはすでに始まっている。起きなければいけない時間に君は縛られているからだ。目覚まし時計の支配下にあるのだ。そして出かける仕度をしなくてはならない。朝食の準備に急ぐ人もいるだろう。それが束縛以外の何者でもないということに君は気付けるだろう。

そして朝の仕度をいつものようにやっていくことになる。仕事の段取りや通学や通勤、他者との挨拶や会話などそこにはいくつもの複雑なルールがあり、それに則っていなければうまく運ばなくなっている。何より君はそれに縛られ、君という存在そのものの欲求は無視され続けるのである。

君が惚れた相手とのデートの時だってそうだ。夢中で心は別世界にいるみたいだろうが、その時の君の心だって自由になっているとは言い難い。君はその相手に合わせて話をし笑い喜び、時に悲しんだり怒ったりもする。その君の心に「自由」はあっただろうか？　君はいつも相手に合わせていただけではなかったか。こんなことを言うと「オレは誰にも合わせないよ！」と言う御仁がいる。ところがよく見ていると、そんな彼も結局は自分の好悪ですべてを決めているだけで、好悪の感情に縛られて、真に自由な意志などどこにもないことに気付かされるのである。それは三歳児のわがままとどこも違わないからだ。

〈自由〉は「わがまま」とは別物だ。

多くの人はこの〈自由〉について誰も考えない。知識偏重の知識人たちも同様である。彼らはますます知識に縛られ支配され、真の〈自由〉から遠ざかる。君に〈自由〉はあるのか――。この問いは根源的問いであることに気付かなくてはならない。この〈自由〉について真正面から向き合ったのが老子や仏陀であった。彼らは真の自由について考え続けた。そして瞑想し、〈存在〉の何たるかをつかみ取ったのである。そこには生きるための〈知識〉と〈叡智〉を授ける〈存在〉の融合が示されていた。実存する人間の現実的処方としてそれは示されている。

老子と仏陀

仏陀は依存の原理と**「超越」**を説き、老子は全否定の中の全肯定を示して生きるに**「無為自然《むいしぜん》」**を説いた。それこそが〈自由〉の証しなのだ。〈自由〉は一切の思惑から自分を解放しない限り現われてくることはない。少し難しい話になったが、君の自由とは随分と違ったものに映るだろう。しかしこれこそが本物の〈自由〉なのだ。そこには一切の知識は関わらない。一切の感情も関わらない。理性ですら無視される。それが真の〈自由〉だ。どうせ生きるなら、この〈真の自由〉を目指してはどうだ？　その上で、この世の知識を駆使して〈豊か〉な道を選択してみるのも手だ。

もちろん老子や仏陀に誰でもがなれるわけではない。しかし、それに倣《なら》った生き方は出来るはずだ。決して無理のない生き方で、日常を過ごしながら、ちょっとだけ心を改めて姿勢を正すだけで、その道筋はいままでとまったく違ったものとなるはずである。そのためには先ず最初にやることは知識以上の価値を理解することだ。そして次には明晰な自己意識を自覚することである。君を支配している〈私〉の意識を明瞭とするのだ。ただ〈他者〉からの情報に流されるだけの意識ではなく、そのすべてにおいて自分で分析する習慣をつけることから始めなければならない。

もし君が本気で凡人仲間から一歩抜きん出ようと思うなら、これらのことを心掛けることだ。そうすれば、きっと大きな進歩が見られるだろう。マスコミやネット情報に振り回されているようでは君に見込みはない。それらを切り取って分析し分解し、その奥にある真実に気付ける者とならなくてはならない。それは決してより沢山の情報を集めてより正確にコメントするという専門家のやり方を指すのではない。これでは情報が少なければ常に誤った判断しか出来ないからだ。多くても正しい判断が出来るか疑わしい。自分というバイアスが常にかかってくるからだ。

だから君は、課題についてその懸案のことばだけで、あらゆることが想定されるだけにならなくてはならない。そして何より重要なのは、そのことが本質的な存在とどういう関係にあるかということを、常にとらえ得る能力を持つことであるのだ。情報量が少ないから何ともいえないと言い出す人物らには、物の本質は理解されていないのである。その様な知見は、次の情報が出てくる度に回答が変わっていくことになり、何の信頼も生じないのである。

コロナが蔓延していく時に、ウイルスはマスクを簡単に透過してしまうから、マスクを付けることにはまったく意味がないと言っていた一部の専門家は、その後にマスクの有用性が語られるようになると沈黙し、自分のその発言の事実の一切を否定する者さえ存在した。知識に溺れる者はこの様な人物たちである。一方、知識に支配されている医療関係者は大局的視点に立脚することが出来ず、目の前の事態に右往左往しパニックに陥っている様は哀れであった。こんなことは疾《と》うの昔に予測されていたことであり、いまさら慌てる必要のないものであった。

知識に依存する者の多くがこの傾向を示すのも特徴的である。いまだ（二〇二〇年末）に都市閉鎖が声高に叫ばれることもあるが、市民の生活苦は決定的な破綻を招く一歩手前に来ていることを医療関係者は充分に自覚しておらず、自分たちの立場からだけの感染予防の論理が展開する。こういった〈存在〉への意識の欠如が常に人類を誤った方向へと導くことになる。本質としての〈存在〉は死を受け入れている。それ以上の重要な観点が常に示される。それは厳しさでもある。コロナの件に関しては内在する精神（価値観）における統一性の欠如であるのだ。

老子の無為も仏陀の超越もその背景には厳しい現実を超克した姿がある。それを無視して真の〈自由〉を手に入れることは出来ないのだ。彼らはただのんきにお気楽な哲学を語っているわけではない。彼らの超克は同時にこの世への対処法でもあることを読み誤ってはならない。その教えは常にこの俗なる世界へ向けられているのだ。だからこそわれわれはその言葉に救いを見出すことが出来るのである。

自由の刑に処せられている

哲学者のサルトルは、それまで自分を縛り上げていたキリスト教に対する反発と、父を失い母を奪われたことに対する屈折から、神を自分の心から否定し追い出すことで、〈自由〉を勝ち取ろうとした人物である。ところが、いざ神や世間の価値観から逃れて自由になったと思ったら、何の基準もない自由に心の安定を失い「自由の刑に処せられている」と叫んで不安に襲われることになる。そして最終的に彼が見出したのが「アンガージュマン」社会参加せよ！という帰結であった。そして彼なりの「主体的に生きる」

すなわち社会的な何らかの企てに自分自身を投ずる生き方（投企）を示し、世界中の多くの若者の支持を得た。

言うまでもなく、彼が得たと錯覚した自由は社会に拘束された中での自分の意志でしかなく、「社会に巻き込まれた自分」から自由になることは出来なかったのである。

いまどきの日本の若者は「草食男子」のことばに示されるように、昔の男性と比べて圧倒的に外に向かった意欲の欠落が感じられる。アニメに陶酔するのもそのせいだ。一方の女性はむしろ積極的となっていて、一つのパイの中の力関係を見せられているようで少々複雑な気分にさせられる。昭和の時代に比べ圧倒的にこの時代の若者はのんきと言えるだろう。君もその一人ということになる。しかし君はそれほどのんきではないかも知れない。なんであれ、自分流という意味では君らの勝ちだ。髪型に代表されるように皆自由気ままに振舞っていて大いに結構だ。

問題はそこに真の〈自由〉はあるのか、ということだ。髪型も服装もアニメや他者のマネをしているだけで、どんなに真っ赤に染めようとも、染める流行《はや》りに支配されているだけの凡夫の行為でしかない。人々はすぐに「自由」と言いたがる。アメリカ人の自由志向は日本人などまったく想像もつかないものだ。彼らが度を越しているのか、日本人がおとなし過ぎるのか、たぶんその両方が真実だろう。問題はそのどちらにも実は真実の〈自由〉はないということだ。

一見、アメリカ人の勝手気ままさは〈自由〉を手に入れているように君には見えるかも知れないが、彼らが手に入れている〈自由〉は五歳の子どもの自由と同じものだ。自分がやりたいことをやっているだけのことだ。その意味ではサルトルがいう自由と基本的には同じものだ。覚えているだろう？　そう、これは「もの」だ。真の〈自由〉ではない。君らが知っている「自由」は「もの」だ。君がやりたいことをやっているだけの自由でしかない。「やりたい」と欲している君とは〈自分〉を喪失し〈他者〉と同化した〈私〉のことであるのだ。

この〈私〉は常に〈他者〉に支配され〈他者〉の眼差しの中で生きている者だ。そこに真にすべてから解放された〈自分〉は存在しない。ここまでこの本を読んできた君はもうお分かりだろう。君が求めるべき君自身とは、幼い時に喪失した〈自分〉に他ならないということだ。それこそが自由な意志なのであって、君が自分と思っている〈私〉は真実の自分ではないということだ。

そして君がやるべきことは、先ずこの〈私〉の主人となることを目指すことである。何度も言うが〈私〉とは〈他者〉のいいなりでしかないからだ。〈他者〉から〈私〉を取り戻すことから始めるしか〈自由〉への道はない。先ずは、日常の自分がいかに周囲の人間に振り回されているかを理解しよう。家族がいる人たちは、家族と一体であり、通常の自由さえままならない。ところが不思議だと君は思うかも知れないが、真の〈自由〉は家族がいようがいまいがまったく関係ないのだ。

〈私〉の主人になる

〈他者〉からの分離

先ず最初にやるべきことは〈他者〉からの分離である。欧米文化の人たちはこの点はかなり進んでいるが、日本人は一番苦手としていることだ。君も親や兄弟や友人たちとの人間関係に縛られて身動きがつかないのではないか？　君がいい人であればあるほど、この傾向が強くなる。親から自立することを学ばなかった者はさらに深刻な状態だ。

そこからの離脱を試みる必要がある。アドラー心理学にいう「課題の分離」である。家族だろうが誰だろうが〈他者〉の問題に首をつっこまない、それで悩まないということである。幼い子が悩んでいてもその相談にのってあげるにしても、自分も一緒に悩むことを止めよというのだ。そうすることで自分はその状態から解放され子は自立できるというのである。これには一理ある。

だが、悪意の有る他者と縁を切ることはそう簡単ではない。一般的な人間関係におけるトラブルも、この考えに従うなら相手を無視してしまうということになるのだろう。そして言いたいことはズバリ言う。ある一定以上には関わらない。日本人は仕事以上に相手のことを気にかけたり（そこがいい所ではある）、相手の一言を気にして悩んだりするのだが、欧米文化ではそういう気疲れは日本人と比べ圧倒的に少ない。そういう意味で〈他者〉に振り回されている日本人の大半は、この欧米式を取り入れてもいいのかも知れない。そうすることで却ってオープンな関係が築けることになるのかも知れない。

だが問題もある。欧米型は、〈私〉の主人となるという意味では確かに日本人よりもそれに成功しているのだが、自分優位という観念が彼らには強くあり、その点では〈もの〉の観念により強く支配されているることを意味するのだ。欧米は日本型を日本は欧米型を互いに取り入れることでバランスはよくなるかも知れない。

ただここでの課題は〈私〉の主人となれ、ということである。それは「自分の運命の主人公であれ」、ということでもある。こう言うと君は「誰だって自分の人生の主人公に決まってるだろ！」と言うだろう。ところが、必ずしもそうではない。多くの人が主体者たる自分を意識することなく運命に流されていく〈私〉を演じているだけなのである。何度も言うが〈私〉とは〈他者〉に支配されたもののことであるのだ。決して〈本物の私〉ではない。

普通であることに勇気を持て

〈私〉に支配されている人にとって急にその「主人」になれと言われてもわけが分からないだろう。本人はずっと「主人」で生きてきたと信じて疑わないからだ。その「主人」とは周りの人と善きにつけ悪しきにつけ関わることで自分を確認できた意識である。それらから離れて独自として存在している自分ではない。それならば山奥で一人生活している者の方が主人公たりうるのかといえば、確かにそうかも知れない。〈他者〉との関わりがなくなるほど〈私〉は自分が支配できるようになる。

それは瞑想などでも可能である。日常の中の一瞬に瞑想を行なっている時の自分は〈私〉も〈他者〉も切り離すことが可能となる。そこには〈私〉の中の主人が明瞭となってくるだろう。その主人公は周りに何の影響も受けず、ただじっと〈私〉を見続けることが出来る。その時のみ〈私〉の主人公は自分が演じられることになるのだ。しかし、瞑想の中にあっても次から次と人間関係が現われては煩悩が燃え続けるようではまだまだだ。修行が足りない。

先ずは、アドラーの言葉を借りるならば「普通であることに勇気を持て！」

人は自分に対して高い理想像を描いているため現実とのギャップに劣等感や焦燥や絶望を感じて、それ

らの感情に支配され自分を見失っていくのである。ありのままの自分をそのままに受け入れ、それをヨシ！とすることから始める必要がある。そうすると、それまで〈他者〉に支配されていた〈私〉の中に主人たる君が浮かび上がってくるだろう。そこからスタートしなければ、いつまで経っても自分の人生の主人公にはなり得ない。紛れもない自分の人生のはずが、他人に乗っ取られてしまったままでは後悔することになる。この現状を先ずは改善することから始めるしかない。

主人公になるためには、嫌なことが起こった時に絶対に相手のせいにしてはいけない。これをやり続けると、君はいつまで経っても〈他者〉に支配されたままとなってしまうからだ。そこから抜け出すためには、責任を相手に転嫁するのではなく、すべてを受け入れる覚悟が要求されている。

〈私〉は常に〈他者〉から規定されている。規定されることで〈私〉を自覚している人が大半である。それは正しいことではない。では〈他者〉の眼差《まなざ》しを無視した強い〈私〉はといえば、その前よりは幾分か楽になり自由ではあるけれども、確かに〈私〉の主人たる風格を身に付けることが出来たけれども、今度は傲慢心に支配されたその強い意志の奴隷になることを意味しているのだ。君が君らしく生きるとは、単に君のわが儘の中で生きることでしかない。

ここでまたジレンマがやってきた。せっかく〈私〉の主人となったと思ったのに、今度はその主人の奴隷となっている〈私〉の存在に気付かされるとは、どうしたらいいのかさっぱり分からなくなってくる。

そんな君も、ここは冷静に自己分析していく必要がある。少なくとも〈他者〉の言いなりになっていた〈私〉よりもいまの〈私〉の方が優秀だということだ。〈私〉を取り戻したのだから大成功だ。しかしそう考えると、世の中には自己中心的で極めて我の強い人物がいることに気付ける。テレビに出てくるような、出しゃばりが大好きな人たちの意志は強いものだ。女優の気の強さなどはよく例えに出されるが、女優に限らず、男優にしても、自分の役を勝ち取る日々を送っている人たちは実に強い意志を持ち、常に臨戦態勢にある。そんな彼らの精神は強い。自分と敵対する〈他者〉を頑として受け入れないところがある。その様な強い〈私〉と比べて、〈他者〉を気にする人物の〈私〉が霊的に彼らに劣っているのかといえば、そうではない。要は〈私〉の主体者として〈他者〉を受け入れているのかが問われるのだ。

もし、主体者として〈他者〉に気配りをし円満な人間関係を築いていたとしたならば、その人物は優れているということになる。アドラーがいう**「共同体感覚」**なるものがその人にはあり、そこへ向かった意識として〈他者〉を受け入れているとしたら、その〈私〉は主体たる自己すなわち主人がそこにいることを意味することになる。それは、ただ強いだけの〈他者〉をないがしろにした〈私〉よりも遙かに勝れた〈私〉であることは間違いない。

若い君にはこちらの方がピンとくるかも知れない。しかし、ここでまた現実を突きつけなくてはいけない。そんな立派な精神の持ち主だとしても、いまだ真実には辿り着いてはいないということである。真実はそんなところにはないのだ。

虚弱な知性と愚鈍な修行

存在の本質を求めることなく単に知識だけを追い求めている頭でっかちの知識人たちは、虚弱な精神の持ち主のまま大成し権威を身に付け〈私〉を支配する。その〈私〉は知識という権威の中で自己満足へと陥り、たくましい精神の何たるかを学ばないままに死を迎えることになる。この様な知識人に教育を受けた社会は弱々しく、大きな災いにはひとたまりもなく崩壊する。存在の何たるかを学んでいないからである。

一方、存在の何たるかを追い求め、知識の一切を否定して体験だけを求める修行者は、愚鈍な精神の持ち主のまま大成し、権威を身に付け〈私〉を支配する。その〈私〉は慢心し傲慢となり〈他者〉を支配して誤った道へと導くことになる。

その様な存在の探求者は虚弱な知識人同様に沢山いて、精神世界においてミスリードすることになる。彼らには〈私〉が見えていないからである。〈私〉に従う〈他者〉によって〈私〉が補強され〈私〉はますますその愚かさを増すからである。その両者ともいずれは行き詰まることになる。

本質の理解（＝真実の理解）は、この知識と心の修行の両輪が正しく機能して初めて可能となるのである。物事を理解するとは体得するということだ。誰かが述べた言葉をそのままに繰り返すことではない。テストの点数ならそれでもらえるが、単に言葉を並べただけの回答に「理解」の意味はない。言葉とは名前のことだ。何かを発見すると人はそれに名称を付けてきた。名称を付けた途端にそれは分類され恰《あたか》もそのものが理解されたように錯覚してきた。しかし、それは単に命名しただけで整理を加えただけの発見物であり、まだ「理解」はされていないのである。学校の成績がいいからといって、その〈真実〉は何も理解できてはいないということだ。人は学問を作り上げ、多くの名称や分類をして体系化してきたが、その本質を正しく理解している者などほとんどいないのである。

知識ばかりの青二才が叩き上げのオヤジから「人生はな、そんな甘いもんじゃないんだぞ」と一喝されるテレビのシーンが昔はよくあったが、知識は体験を通してその精華を表わすのであって、知識だけでは却って人間を誤らせることになる。同じく体験も知識を通してその精華を見せるのであって、知識と体験（行）の両輪において初めて叡智との邂逅《かいこう》があるのである。知識を持たない体験主義の行者からは、低次元の頑なな主張が見られ、体験を持たぬ知識はもとより何の役にも立たないのである。

人間はロボットにすぎない

人は皆遺伝子の操り人形

君はリチャード・ドーキンスという生物学者を知っているか？　一九八〇年代に人間機械論を世に発表し一世を風靡した人物だ。その時、彼は利己的遺伝子という名称で、遺伝子が生き延びるために人間に寄生しているのだという論を展開した。そういう考え方があっても不思議ではない。彼はその十数年後、還元主義的唯物論者として再び脚光を浴びることになる。国民の九〇%が熱心なキリスト教徒といわれるアメリカで「神はいない!」と主張し始めたものだから、マスコミ総出の大論争となったことはいまだ記憶に新しい。その戦いは年を追う毎に熾烈を極めている。

君は自分と他人との違いをどう考える? ドーキンス的に言うならば、われわれ人間は遺伝子の操り人形にすぎない。遺伝子の思うがままに誕生しこの体を形成し成長していく。その過程は基本皆同じである。どこも違わない。この本でも述べているように人も生物の一つに過ぎず、生まれて成長し死ぬだけの存在である。その途中において個別の体験を経ていくとはいえ、大きくは皆同じ部類の体験を重ねているに過ぎない。もちろん、人殺しがいるからといって国民皆が人殺しをするわけではない。しかし、強弱の違いがあるだけで、誰しもに一度や二度の殺意は生じるもので、ただ理性が働いてそうさせないだけのことであって、実際に殺した者とやらなかった者の差など原理的には同じなのである。その様に遺伝子は自己保存を目的として人間に寄生し、人間をコントロールし続けるのだ。

君に生じる喜怒哀楽も性衝動も上昇志向も知的好奇心も食欲も睡眠欲も生理機能もすべて遺伝子のせいである。君は遺伝子に動かされているだけのロボットに過ぎないのだ。意識を発動させる脳にしても遺伝子が作り上げたものだ。そして、脳内においてニューロンネットワークが働き出し、その化学反応によって各種インパルスとともに身体の制御と意識の発動をなしていくのである。これを指してロボットと言わず何と言おう。

もちろん、ドーキンスのようにロボットなどという気はないが、少なくともロボット的であることは否定できない事実である。〈私〉や〈存在〉について考える上で、このロボット的人間の存在観をどうとらえるかは非常に重要な視点となる。

ドーキンスのような短絡な思考では遺伝子に還元することで単純な結論を得ることが出来るが、果たしてそうだろうか。少なくとも意識そのものが脳内の化学反応に如《し》かずという短絡は、余りに思慮が足りないとしか言いようがない。そもそも単に遺伝子が生き延びることが目的なら人間の頭脳を発達させる必要性など、どこにも無いのである。別段、猿で何ら問題なかったのだから。

ところが、人は、明らかに進化し続ける種であることは確かだ。そのこと自体がすでに「特別な何か」を意味しているといえるだろう。もっともドーキンスに言わせれば、それは単なる偶然ということになる。それにしては極めて不可能な確率でこの人類が誕生したことを意味しており、偶然という言葉が何とも所在無げに聞こえてくる。

天才だろうが凡才だろうが皆ただの機械だ。最新鋭のロボットとして誕生し、旧型ロボットとして死んでいく。そこに何の違いもない。決まったように判を押したように人は生まれたら死ぬのだ。しかも〈自分〉と出会うことなく、〈私〉になり切ることも出来ず〈他者〉に支配されながら〈存在〉の何たるかも悟ることなく死ぬのである。

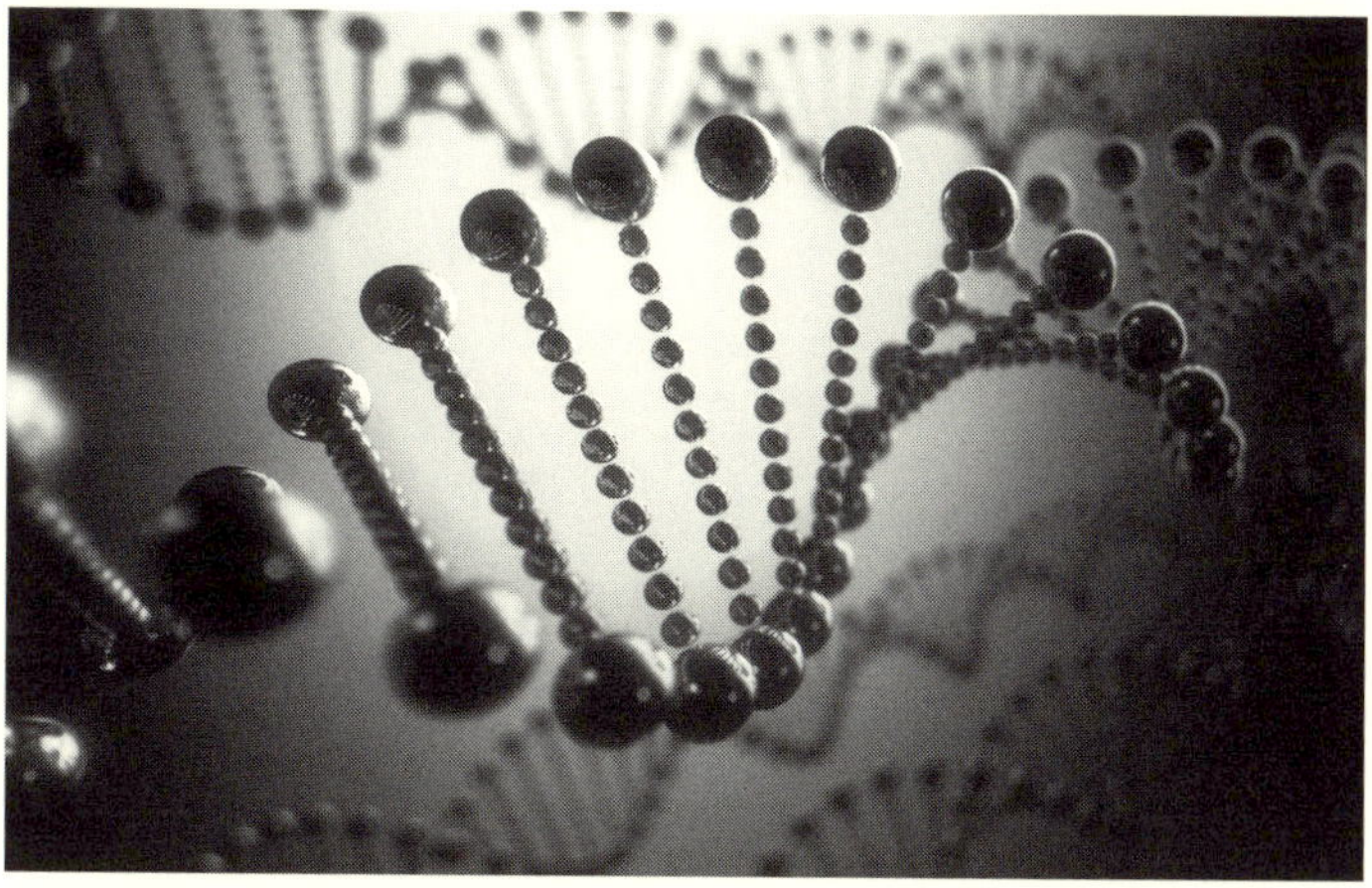

機械性からの脱出

では、遺伝子に支配されロボットが如くに反応しているだけの人間は、その主体を自分に取り戻すことが出来るだろうか。〈私〉の主人を自分自身の意志がコントロール出来るようになった時、人は大きな進化をすることになる。しかし、どうやればこの機械性から人は抜け出せるのだろうか。

〈私〉を自分と思っている君は、今日も一日の行動はすべて自分で決めていたと信じているだろう。ところがそれは君の思い込みに過ぎない。君は何らかの条件下で、その場その場の選択をし現在に到っているのだ。少なくとも生理反応も食欲も睡魔もすべて遺伝子（生体機能）の働きに過ぎないのだ。デートの最中、君がやろうとした行動も遺伝子の選択肢からのものだ。諸々の心情も、君の遺伝子の中に組み込まれた情報によってコントロールされている。自分で選択したと思っていることも実はそうではないのだ。その典型が異性との結び付きである。生物学の研究によると人は無意識のうちに自分の免疫遺伝子とまったく異なる相手に心惹かれるという。例えそれが目に見えない位置にいたとしても、自分の遺伝子にない免疫を持っている人物の存在に気付くというのである。

そして二人は引き付けあい恋に落ちるのである。よい免疫力のある子孫を残し生き延びさせるために、その様な力が働き出すというのだ。これなどは正に人間の意志を完全に無視した遺伝子の支配を見せつけるものだ。この様に、人の選択の大半は遺伝子が行なっていたことになる。

この事実をどう受け止めるかである。ドーキンスは人間を単なる生物機械と結論付けた。意識も脳内における単なる化学反応と断定している。それに同調する者も多いが、この脳内の科学反応説については物理学者や哲学者の多くから否定されてもいる。

君は青春真っ只中なら機械論なんてくそくらえ、だろう。しかし、少し冷静に考えるならアイデンティティをどう持てば良いのか、迷いが生じることでもある。遺伝子はどこまで人を支配しているのか。果たして人は遺伝子を支配することが出来るのか――

老子や仏陀の教えからすると、遺伝子に支配されている〈我《が》〉など存在しないことになる。機械としての〈私〉はそもそも存在が否定されているということだ。ロボット人間など初めから相手にされていなかったというわけだ。老子も仏陀もそんな当たり前のことなどいまさら語るほどのことではないらしい。

しかし、仮りに君がロボットだとしたらどうだろうか。君はロボットとしていままでの日常を過ごすことになる。その日常を〈迷い〉と捉えたとき、〈迷い〉とはロボット部分であるという仮説を立てることが出来る。では、その〈迷い〉から脱出するということはどういうことだろうか。

自分の存在が〈迷い〉とは何を意味するのだろう。どの部分が〈迷い〉で、どうすることによってその〈迷い〉から抜け出すことが出来るのか、少し思惟してみると面白い。仮りに自分の行ないのすべてが迷いだとしたら、そのすべての行為を一切止めてしまうという手がある。そうすれば遺伝子の意志を無視したことになる。ところがやってみるとすぐに気付けるのだが、トイレを我慢することは出来ない。お腹も空いてくる。眠くもなる。アッという間に遺伝子に完敗してしまう。

これは無理だ。生体機能には抗することは出来ない！

老子や仏陀も君と同じ身体のままに自己を超越し悟りを開いている。ということは、その様な生体機能は消し去る必要はなく、そのままに、高い霊性を見出すことが出来ることを意味していることになる。仏教の場合はその前提として禅（瞑想）の実践がある。それは呼吸法であり精神の統一と超越を行なうものだ。この超越こそが、仏陀が悟りへと至ったものにほかならない。

そして、もう一つ重要なポイントがあることを忘れてはならない。

精神における葛藤の昇華が霊性を高める

君にとって人生の苦痛の大半は人間関係だ。大学受験や就職や出世とやらも一見自分個人のことでしかないように思えるが、実はそれを通して〈他者〉からどう思われるか、という意識が働いている。〈他者〉にバカにされたくない、優秀な人だと言われたい、褒められたいという意識が常に働いているのだ。そういった人生のイベント以外の日常においての悩みの大半は、人間関係が占めることになる。

好きな人物と嫌いな人物、自分に好意的な人物と攻撃的な人物、優しい人と厳しい人、向こうから何かしかけてくるわけではないが生理的に好きになれない人、夢中になっている相手に告白できない自分の弱さ、さらには体調の悪さからくる人間関係のうっとうしさ…などなど挙げ始めたらキリがない。

病気そのものの苦しみだけは人間関係ではないが、そこから家族や医者などとの軋轢が生じることはある。入院費が払えないなどという深刻な話もある。何より「不安」がつきまとう。これは〈私〉が作り出すものだ。

さて、ここで注目しなくてはならないのが、この様な人間関係において生じてくる〈私〉と〈他者〉との間に生じる苦悩すなわち「葛藤」である。そういう意味では別段人間関係だけに限る必要はなく、あらゆる場面で葛藤は発生する。下らないものなら「今日は何を食べようか。油物が食べたいけれど太り気味で脂肪がこれ以上付くのはイヤだからやっぱりガマンしよう」などというのも葛藤の一つだ。もちろんこんな下らないことをここで取り上げたい訳ではない。その意味では重い病気は深刻となる。命がかかってくるとそこに生じる不安は想像に余りある。その様な不安も一つの葛藤である。生きることに対する選択をどうすべきかの葛藤が付いてまわるからである。弱い人格でなければ、家族の前で不安そうな顔をしてはいけない、などと必死で自分を奮い立たせるのも葛藤の一つだ。

これらの多くの葛藤は人にとって何を意味しているか考える必要がある。もし、この世が唯物論者が言うような単なる偶然の産物であるのなら、生きていることに何らの意味も持たない、というのであるならば、何も考える必要はない。しかし、それは誤った答えだ。彼らはたとえノーベル賞学者であったとしても、〈存在〉について真剣に考えたことがなかった人物である。知識だけを偏った形で巨大化させ、叡智の発達をさせてこなかった人物の考えなど聞くに値しない。

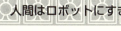

君が唯物論者でないなら、人生における諸々の葛藤は極めて重要な霊性向上のツールであることに気付かなくてはならない。人はどうすれば人格を向上させることが出来るのかと話題になることがある。その多くは上流階級的なイメージで語られ、立ち居振る舞いや会話や食事の仕方、笑顔の仕方や女性や老人に手を差しのべる、といった指導がなされる。確かにそうなれれば、見るからに紳士淑女となるだろう。しかし、これは見せかけの人格で内面には言及していない。本来の人格者とは人格高潔を旨とする人物のことだろう。嘘を吐かない、弱者に対し心からの慈愛をかける人ということになる。

研究によると、三、四歳になると子どもは嘘を吐くようになる。この時、いち早く嘘を吐くようになった子ほど知性の発達が優れ、そうでない子は遅れるというのである。つまり嘘は知性の証しでもあるというわけだ。ＩＱが高い者ほど深刻な嘘を吐くということを意味する。

これを読んで、ますます嘘吐《うそつ》きになってもらっては困るが、精神というのはこの様に実に複雑な構造に出来ているということではある。しかし、やはり嘘はいいことではない。他者を救うための嘘なら方便となるが、自分の損得のために吐く嘘は悪人の部類に入ることを自覚する必要がある。世の人間で嘘を吐かない者などただの一人もいない。それは程度問題で、それによって被害が出たときには犯罪者ということになる。しかし、すべての人間はその手前のところの嘘はまったく問題ないと考えている。

それは、強者も弱者も天才も凡才も大金持ちも貧乏人も皆変わらない。人間とは嘘吐きそのものである。そういう中であっても許され難い嘘を吐く人とそうでない人とがいる。ここが嘘を吐く大きな分かれ道である。世の中で自分を強く押し出していく人ほど、この許されない嘘を多く吐く傾向にある。人に騙されるタイプの人の方が悪意のある嘘を吐かない傾向にある。嘘を吐き人を騙す人間より、人を受け入れ信じ

ることで騙される人間の方が人格は優れているのだが、しかし欧米では、この手の騙される人はバカと言われ劣った者と見られるのだから驚く。それどころか、他者を完全に騙して大金をせしめた人物に対し、称賛の声すら上がるのは正に農耕文化と狩猟文化の差である。

この様に清廉潔白な人など皆無であるのだが、少なくともそうあろうとしている人には出会うことがある。彼らは常に誠実で相手を傷つける嘘を吐かない。またとても親切だ。その様な人はどこかで自分の〈私〉に気付き〈他者〉からの分離に成功した人といえるだろう。

嘘を吐くことを厳しく否定したのは哲学者のカントであるが、その優れた人格者も自分の弟や妹たちの存在を疎《うと》ましく思い、「教養のない妹」と卑下し関わろうとしなかったのには、嘘を吐く精神とは別な哀れな囚われがカントの中にもあったことを明らかとしている。何であれ、どちらにせよ、そこには真の自由も真の我も存在していないということだ。

四つの葛藤

そこで「葛藤」について述べよう。

人は、常に自分の心の中に何らかの葛藤をかかえている。その葛藤が大きくなるほど辛く苦しいものとなる。ところが、この葛藤こそが、〈私〉から〈他者〉の支配を取り払い、〈私〉から再びと〈自分〉を発見する道すじであることを人は知らない。極めて重要な心理過程であるのだ。それを獲得する方法としての葛藤の対処の仕方は大きく四つに別れる。

①、問題を打ち負かす

②、その事から逃げる

③、ズルズルと後回しにし続ける

④、戦い続ける

①の場合は葛藤というよりも課題に近く、正攻法で立ち向かい打ち負かすものだ。世の中の成功者に多いタイプである。彼らには葛藤という概念があまり理解できていないかも知れない。②の場合は、実に分かりやすい。耐えられなくなると会社を辞めてしまう、離婚する、ご近所との葛藤があれば引っ越しするという方法で、ある意味スッキリしている。ただ、その実かなり大変なエネルギーを必要とする。この①と②の行動は葛藤とは必ずしもいえないものだ。彼らは明瞭な意志のもとに決断しているからである。その点③④はそうではない。

③は問題を見ようとしないタイプである。現実から逃げ続けようとする人たちである。一般には怠惰と呼ばれる人に多いかも知れない。少なくとも時間締め切りにルーズなタイプと言えるだろう。この種の人は意外に多く、誰しもに何がしかの心あたりがあるに違いない。日本人に多いタイプということが出来るだろう。そして④はダラダラと戦い続けるタイプである。③のように葛藤から逃げるのを嫌いそれと向き合い続けるのだが、①のような強引さを嫌い、かといって逃げ出したり負けることは耐え難く葛藤し続け

るのである。この③④は葛藤の中に生き続ける人であり、特に④の人は葛藤のまっ只中で苦悶する人ということが出来る。

ではこれらのタイプのうち誰が一番人格を高めることが出来るかというとその判断は難しい。それぞれに優れた人格者もそうでない人格者もいることが想像できるからである。ただそうであっても全体の比較ということになると、ある一定の傾向がそこには現われる。

逆さまの勝敗

①は常に自分が正しく堂々たる人物であり、周囲からの信頼も厚い。つまり①型タイプの人は人生に課題が生じたとき、その対象を打破することにアイデンティティを持っている人物で、やり手が多い。この人は常に自分が正しいのだ。世界は自分を中心に回っているのであってそれを邪魔する人間は許さないのである。この人の葛藤は常に小さなものであり、ある意味楽々と人生を生き抜くことが出来る。正に出世する人たちだ。

②は①と対称的である。自分の負けをあっさり認め葛藤の現場から逃げ出すことが出来る人だからである。一部には極めて弱い精神の人たちもいて、こういう人たちの逃げは決して「あっさり」したものでは

ない。彼らは真に苦しい葛藤の末に現場から逃げる選択をするのである。その種の人たちにはその後も多くの葛藤がついてまわることになる。その意味では③④よりも強い葛藤にさらされることになる。だが、これら一部の人たちを除くと、この②の人たちはある種の合理主義者で軽快さを持った人たちである。

実にドライな面を持ち、人間付き合いもサバサバしている。好き嫌いも激しい。嫌なものといつまでも好き好んで付き合ってる必要などないと考えるのだから、彼らは実に合理主義者である。この手の人たちに強い葛藤は生じにくい。こういう人たちはいわゆる正統派の価値観を嫌い、自分なりの自由に生きようとするのである。ノンポリと呼ばれる人たちの傾向を示し、反体制的価値観に生きる人が多い。都会を離れ田舎で自分流を通して暮らす人たちによく見られる。彼らも①同様にどっぷりと〈私〉の中に君臨するのである。

一方③の人は不思議な人たちだ。課題を重要視せず自分の許容できる範疇でしか物事を受け入れず、それ以外の事はずっと後回しにし続け、出来るなら皆がその事を忘れ去ってしまえばいいと本気で思っている人たちである。自分が興味あることですら、何か問題が生じるとそれは無視されるのである。会社などで大問題を発生させる人に多いタイプだ。現実の課題に気付かないふりをして刹那的いまを楽しく生きたいと思っている人たちである。彼らには①や②が持つような悪意が有るわけではない。単に無責任なだけであるのだ。

課題を真正面からとらえ立ち向かうことに対するある種の不安から逃げる習慣のある人たちである。それは彼らにとっては煩《わずら》わしさでもある。彼らは毎日が平安であって欲しいと誰よりも思っているタイプで、他者と闘うことを一番嫌っている人たちだ。その結果として物事を真正面から受け止める覚悟が欠落し、現実の課題（葛藤）から逃げることを選ぶのである。積極的悪意を持つ人たちではないが、結果として他者に大きな迷惑をかける場合が多い。

④はこれらの中で最も葛藤と立ち向かっている人たちである。このタイプは一つの信念を持つと同時に社会的規範も持っているために、①のように一方的に相手をやっつけることが出来ず、かといって②のように逃げ出すことをよしとせず、③のように無視することも出来ず、永遠にその葛藤と向かい合うのである。

人の見立てはそれぞれだ。①に堂々たる人格者を見る人もいれば、②に軽快で無執着な人格者を見る人もいれば、③に優しい人格者を見る人もいる。ところが④についてはその観点からすると人格者とは思われない。なぜならいつまでも他者と闘い葛藤を続けているからである。こんな人が人格者とは誰も思わない。それどころか「あの人は素直じゃないわね。性格が悪いし」などと陰口を叩かれることになる。

ところが霊性という観点に立ったときには、この④だけがその向上の可能性を示しているのである。なぜなら、④こそが葛藤の中に日々を過ごしているからである。葛藤こそが真にその人物の格を向上させるツールであり、その克服こそが霊性を向上させるからである。その点①〜③のタイプは皆自己肯定型で、ある意味なんの迷いもない。この④にだけ迷いが生じ続けるのだ。迷う人間こそに超越の可能性があるのであって、迷わない人間になど何の成長もない。そのことに気付いた人間だけが〈もの〉の本質を知ることになり〈存在〉の何たるかを理解することになるのだ。

〈現存在　ダーザイン〉

人はなぜ存在するのか。それは自己を向上させるためである。決して単なる偶然の産物ではない。君は正にいまここに存在する。それは君自身の実存であり一つの覚悟でもある。ところが多くの人はそのことに一生気付くことなく死んでいくのだ。死を明日に迎えた老人たちの不安を君は考えたことがあるだろうか。実に孤独なものだ。徹底した唯物論者にもなれず、かといって信仰心があるわけでもない人の死への不安は大きい。ハイデガーが「存在と時間」を書いたのもこの死の問題を抱えていたからだ。

ハイデガーは死を真正面から受け入れ乗り越えていない者を**「世人（ダスマン）」**と呼んで見下した。そしてダスマンが如き人間は存在していることを意味しないと断罪する。人の真の存在**「現存在（ダーザイン）」**は死を乗り越えた者のみに見出されるとしたのである。

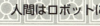

そして未来に向けてその身を投げ出していく、すなわち「投企」の必要性を説いた。そしてその背景に**「世界内存在」**という限定された時空間を示し人の存在の虚しさを示そうとしたのである。その後の評価では彼は二十世紀最大の哲学者と尊称されると同時に、キルケゴールやニーチェやサルトルと同様に実存主義者に部類された。

だが、存命中ハイデガーは自分の哲学は実存主義ではないと強く否定している。当然のことだ。彼の世界観は実存の否定であったからだ。その奥に在る実在へと向かっていたからである。そこで第二次大戦が終了しヒトラーに加担したとしてハイデガーはこの世界から抹殺されることになった。遂にその真意が語られることなくその哲学は中途のままに帰結したのである。

人はなぜ存在するのか。哲学者たちは大いに悩み考え抜いてきた。有神論者は神に帰結し、無神論者は論理の中にその答えを見出そうとした。だが、無神論者たちの答えは常に虚しさがつきまとった。難しい言葉を書き連ね、誰もが苦悶する論理を展開させ恰《あたか》も立派な哲学を打ち立てたように見えるも、所詮は実存する者にとって何の役にも立たないものばかりであった。せいぜいビジネスの役に立つか政治支配の役に立つかが関の山で、人間存在の本質を穿《うが》つものではなかった。なぜならそこに〈救い〉が無いからである。それは言葉を替えた唯物論でしかなく、その様な論理はパズルを解いて喜んでいるただそれだけの、それ以上の深みなど何もないただの言葉遊びに過ぎなかった。その様な哲学なら不要だ。学ぶに値しない。そんな中途半端な知性ばかりになった。

だがそうではない!

〈存在〉には意味が有るのだ! その確かな意味のためにわれわれは生きなければならないのだ。それは生きている証しとしての実存性とともに、その実存を支え奥に位置する真なる〈存在〉についてわれわれは学ばなくてはならないのだ。現実に生きている君とその世界は実存する世界である。「実存」とは血の流れる現実世界のことだ。君自身の存在そのものが実存であるのだ。だがそれ以上に重要なことは、その実存を出現させている原理があるということだ。そのことに言及せずして〈存在〉を語ることは許されない。ここに実存している君を無視して〈本質〉に言及することは断じてあってはならない。君が救われること、真理を見出すこと、これこそが〈存在〉そのものの原動力であるのだ！

では、その本質としての〈存在〉をいかに見出すのかが課題となる。そのためには〈私〉を克服しなくてはならない。〈私〉を克服するためには「葛藤」を克服しなければならないということである。そのためには先の④タイプの生き方を選択する必要が出てくる。他者の眼が冷たくとも真摯に物事と向き合い、いかに苦しくともそれから逃げず、自分の傲慢で押し切ることなく「葛藤」と対峙《たいじ》することから、それは始まるのだ。

正直に葛藤を見つめその正否を理解し、相手の立場を理解し、やれること、やれないこと、やらなくてはならないこと、やってはならないこと、下らぬプライドの切り捨て、意地の否定、メンツの諦め…、それらすべての葛藤を捉え直し分析し、その上で、そのすべてを呑み込むのである。すなわち昇華するのだ。止揚アウフヘーベンするのである。それら矛盾だらけの関係性の一切を認めてしまうのである。

そして呑み込み、そして諦め、そして許し、そして陥らず、そして前を向くのだ。その時、その葛藤は君を偉大な人格へと高い霊性へと導くのである。

霊性が上昇するとき

その時、遂に君は〈私〉が〈他者〉の支配から離れていくことを実感するだろう。君に〈私〉を取り戻す時が来たのである。①〜③の者たちがまだ〈私〉を取り戻すことが出来ないうちに、君はその〈他者〉との対立から離れた〈私〉を手に入れることになるのだ。それは極めて重要な瞬間である。君がこの人生の中で最も記念すべき瞬間だ。この時初めて人は人格者となり得るのである。世間がいうところのニセ人格者ではなく本物の人格者が誕生したのだ。

君はその時、偉大な精神の持ち主となったことを意味する。それは決して絵空事ではない。確かになれる道すじであるのだ。この世を生きていくということは所詮大したことではない。大成功しようがしまいが真理の眼から見た時には、そんなものに何の価値もない。誰しもに平等に訪れる「死」だが、いかに財産を築いていようともこの死を免れることは出来ない。死んだらそれでお終いと考える唯物論者は別に構わない。人それぞれだ。本人がそれでいいのだからそれでいい。

だが、君の様に少しの向上心と純粋なる世界への興味を持つ者は、こういった唯物論者と関わるべきではない。人生という短い時間にとってそれらは実にムダな時間となり、ムダな人生となってしまうからだ。人生はアッという間だ。もたもた下らぬ俗人たちと関わっている暇はない。

こうして君は〈私〉を獲得する。ここで気を抜いてはいけない。ここからが本番だからだ。最初に述べたように君の真実の姿は〈自分〉であるのだ。この〈自分〉は〈私〉が出現したことで意識の奥に押しやられ遂に君の意識から消え去ったものだ。君が自分と思っているものは常に〈私〉なのであって真の〈自分〉ではない。この〈自分〉を発見する旅に君は出立する準備は出来ているだろうか。

どうやったらこの原初の〈自分〉と出会えるのか、それはかなり難しい。しかし、決して荒唐無稽な話ではない。君はきっとその真実の〈自分〉と出遇うことが出来る。では、旅へと出よう。これからが君が賢者へと上昇していくための旅である。

意識と現象の旅

意識にはいろいろある

人間は皆、自分の力で生きていると信じている。もちろん子ども時代、親に養われていたことは分かっている。しかし、人生は自分の足で歩いてきたと信じている。お母さんのお手伝いも宿題も友人たちとの語らいも、いじめられたりいじめたりも、運動や勉強も、恋愛も、就職も結婚も、出産や子育ても、病気や老化も死も、すべて自分が行なっていると信じて疑わない。そもそもそんな下らないこと考えたこともない。君も本気でそう信じているのだろうか?

果たしてそうだろうか。下らないことだろうか。否! そうではない。これは非常に重要な観点である。すでに述べているようにわれわれは機械だ。人間は機械として遺伝子にコントロールされているだけの存在である。遺伝子に書き込まれていないことはやりたくてもやることが出来ない。不可能なのだ。君が自分でやってきたと思っていることはすべてが、遺伝子の操作によるものでしかないのだ。あれほどに心焦がした恋愛もだ。人生の中で最も精神が支配されていた恋愛だというのに、あれこそが正に遺伝子のなせる術であった。君は君の意志によって予定したのではなく遺伝子の操作によって恋に落ちたのだ。

催眠の実験で後催眠というのがある。一旦催眠から覚醒させた後に何らかの暗示をかけておいて、あの情況が来るとその暗示が作動し、その暗示通りにしか動けないというものである。例えば、誰かが「食事」と言った途端に猛烈にお腹が空き十人前を全部食べてしまうとか、異性が誰であれ「こんにちわ」というとその人に夢中になる、といった類である。

脳そのものの実験もある。左右の大脳を真ん中で繋いでいる脳梁が切断された患者の実験で、実に興味深い行動が見られた。右耳だけに指示された内容は左耳だけに指示された内容と同じでない場合とくに対立する場合には、意識が二分してしまうということである。右脳は左脳が認識したことを知らず、左脳は右脳が指示されたことを知らない。その結果、心の中に二人の人格が出現するという二重人格症と同じ現象が発生するのである。右脳が体を支配すると左脳の自分は驚き、左脳が優位に働くと右脳の自分が驚くというものである。この様な実験から、人は「何か」の力によって衝き動かされているだけで、自分では何一つ決定していない、ということが分かってきたのである。この様に思いもしない何らかの深層心理によって、自分の意志とは関係なく人が行動していることが明らかとなってきている。つまり、人間は自分を演じているのではなく、演じさせられているのだ。

いったいそれは何だ！　そう君は思わないか？

いったいこの現象は何だ！　心と意志と精神とが全部別ものだとしたら、自分とは何を指すのか君にも説明できなくなる。なぜ人は日常に埋没し真実の〈自分〉に出遇おうとしないのか！　ダスマンだからだ。そう、人は本質について何一つ考えようとしないからだ。自分の意識と自分の行動と自分のあらゆる判断とを見たことがないからだ。君も頭の中は異性のことと食べ物のことと出世や金のことばかり考えてるんじゃないか？

君は自分を観たことはあるか？　大半の人は自分を見ようとしても、とめどもない思考が展開し続け、その思考の流れの中に自分の意識は埋没してしまう。やればやるほど絶え間ない思考雑念が意識上を流れ続けるからだ。この雑念の流れの中に君自身がいるとはいえない。それは君から派生したただの思考の流れだ。君自身ではない。君を君の意識上に浮かび上がらすことが出来ないかぎり、君は〈自分〉と出遇うことはない。ありのままの自分を想起することは意外と難しい。初心者には困難を伴う。だが、そのうちに出来るようになる。雑念の処理の仕方を学ぶからである。

すべては　ここから始めるのだ

君の〈自分〉探しはここからがスタートだ。これは巷の自己啓発のようなレベルの話ではないから勘違いしてはいけない。この〈自分〉は自己啓発で述べられる「ポジティブに生きる自分」のことではない。そんなレベルの話をしているのではない。彼らの中でもマシなところはせいぜい〈私〉の主人公に辿り着けるところまでだ。まだ〈私〉を乗り越えているわけではない。彼らの〈私〉は〈他者〉を常に意識した中でのものだ。〈他者〉に支配されない〈私〉探しをやっているのだが、結局はそこまで辿り着くことなく、ポジティブシンキングで終了する。〈他者〉の支配から抜け出すことは出来ないままだ。それでもうまくいった受講者はなんとか〈私〉の主人たるところに辿り着く。それはうまくいった例だ。

ここでいま君に語っているのはそのレベルのことではない。まったく異質の世界を話している。君は、自分のことを考えるときどのようにするだろうか。多くの人がその時、何かの感情を見詰めることになる。最近起こった嫌なことや楽しいことなどが浮かんでくる中に自分がいるというものだ。そこには常に感情が伴っている。ありありと客体化された自分が映ってくることはない。

どうだろう？　うまくいっているだろうか？　君の頭の中は雑念でいっぱいに違いない。自分を見ようとするとこの場所を認識するという人もいるだろう。いまこの瞬間のこの空間こそが自分の存在証明が如くに感じている人もいるだろう。しかし、それは君の思考だ。思考が流れ続けているだけで、〈君自身〉が想起されているわけではない。その周辺が想起されているだけのことだ。

さて、〈君自身〉はどこにいるだろうか。

われわれは過去のことを常に想い出し、懐かしく思ったり悲しくなったり腹が立ったりすることはよくあることだ。さっきあったことだって、すでに過去の出来事だ。そういう経験から過去の自分を想起することは難しいことではないと考える。ところが、いざ自分の輪郭を想い描こうとするや意外とこれが難しいことに気付かされる。そもそもその記憶の大半は真実とは違っている。

しかし、本人にはそれが真実だという確信があるから困ったものだ。そこに浮かんでくるものは自分の眼差しだけで、他者から見たところの自分ではない。あくまでそのとき君が見ていた光景が見えてくるだけだ。記憶は衝撃が大きいことや楽しかった事、悔しかったことなどが残っている傾向にあるが、日常は大方忘却の彼方へいっている。そのどれもが自分の眼で見ているものだ。これが第三者の眼で客体としての自分まで見え始めると、この〈自分〉探しはかなり深まることになる。

意識の階梯

〈自分〉とはあらゆる思考から離れたものである。特に感情からは完全に離れていなければならない。感情が伴う限り、そこには〈自分〉が出現することはない。自己想起の際にこの感情が消え失せ意識だけになっても、その意識が生じ続ける限り無理だ。つまり思考し続けていてはうまくいかない。感情を脱ぎ捨て思考を捨て去り、ただそこに在る〈何か〉を追い求めるのである。そうすると微《かす》かに「何か」を感じられるようになる。そこまで辿り着くのには何カ月も何年もかかる。これはそれまでの人間力が大きく作用してくる。素養がある人をあえて天才と呼んでもいい。その天才なら三カ月以内にそれを見出すだろう。しかし一般の人たちは何年もかかる。中には十年も二十年も三十年やってもよく分からないという人がいる。やはり個人差が大きい。三十年も実修してきても最初に言われたことがよく理解できていない人は意外と多い。それほどの個人差が有る。では意識について説明しよう。

意識は八つの段階を経て成長する。

第一の意識、自分だけを見ている意識段階である。幼児たちの意識だ。

第二の意識、他者だけを見ている意識段階である。思春期以降の意識だ。

第三の意識、自分と他者とを見ている意識段階である。青年期以降の意識だ。

第四の意識、内面の自己を分析し始める意識段階である。人格の形成期以降の意識だ。

第五の意識、自己を客体化して見ている意識段階である。霊性の覚醒へと向かい始める。

第六の意識、客体化した自己を捨て去った意識段階である。霊性が少しずつ覚醒し始める。

第七の意識、世界をありのまま「もの自体」として見る意識段階である。いよいよ霊性が覚醒を始める。

第八の意識、「もの自体」しか認識せずその「もの自体」すらも消え失せる意識段階である。ここにきて遂に霊性が覚醒する。

第九の意識、霊性の覚醒により超人が出現する。仏教にいうブッダであり、神秘主義にいう聖者の出現である。


君は第三～四にいるということになる。早くその先に進みたいだろうが物事には順序がある。一歩ずつ階段を上がっていくしかない。いくら焦ったからといって歩が速くなることはない。

現象には原因がある

さてここで、最も本質的なことの一つに立ち入らなければならない。

それは「この世のすべてのことはただ起こるのである」というテーゼだ。先ほど述べたように、人は自分で何もかもをやってきたように思い込んでいる。しかし、その思い込みはすべて誤りだ。自分でやったものなど何一つないのだ。確かに食事をするときに箸で料理を挟んで口に運んでいるのは君自身だ。間違いない。

ところが、食事に対する欲求すなわち食欲は肉体の意志なのであって君の意志ではない。にも拘わらず君は「お腹空いたあ！」と口にするのだ。君はまんまと遺伝子の策略にはまったというわけである。そして料理を口に運んで満足するのだが、これは後催眠術で普段は小食の女性が十人前をペロリと食べてしまうという自動行動とどこも違わない。本人は自分の意志で十人前食べた気になっているが、実は催眠術師の後催眠暗示によって衝き動かされていただけというのと君の食欲の原理は同じなのだ。

そこに君自身はどこにも〈存在〉していないのだ。これがこの本でずっと述べてきている〈存在〉の意味だ。君はメシ一つ自分の意志で食べていないことに気付かなければならない。この事に君が真に気付いた時、君は初めて〈私〉の主人となるのだ！　そして遂に〈自分〉探しへと第一歩を進めることが出来るのである。

受験勉強や就職なども学歴社会に伴う風潮に押し流され、その社会構造の中でそう衝き動かされているだけで、自分の意志は実はどこにも無いのである。〈他者〉の眼差しに支配された〈私〉の選択として大学受験や就職や結婚をやっているに過ぎないのだ。そこに主体たる〈私〉はどこにも存在しない。

しかし、もっと恐ろしい事実に気付くことも出来る。

二十世紀哲学者の多くに戦争体験者が存在する。先のハイデガーやサルトルもその一人である。アウシュビッツで死と同居したユダヤ人の哲学者のレヴィナスはさらに過酷だった。彼らのように人の命がゴミと大差がない情況を体験した者の世界の見え方は、日本の戦後生まれとはまったく違ってくる。それは情況が過酷なほどその思いは強くなるのである。大空襲下で逃げ続けながら日常を過ごした当時の日本の一般人たちの心情にも同様の思いが生じていた。

それは「運命」である。

戦争のようなものになると、全国民が同時に戦火に遭うことを意味し、運命共同体とならざるを得なくなるのだ。それを続けていると、この運命が定められたものであることが感じられてくる。歴史にこの戦争が勃発することが定めであったのだと思う瞬間が顕われる。それは、一瞬だけ訪れる第七の意識の出現である。

それは、直観の形でわれわれに突如として出現する。叡智と触れた一瞬である。実存する世界が抗することの出来ない「力」によってわれわれを支配していることに気付かされる瞬間である。この様にして必死の状態のとき叡智は不意にわれわれの前にその姿を顕わす。そして、次の瞬間には消え失せてしまうのである。

世界には歴史がある。時代〳〵に英雄や天才や狂人が登場し、飢餓や戦争や天災や疫病や革命が人々を苦しめてきた。そこには時代の主役が登場してくるのであるが、それらを含めてそこには因果的定めとしての運命が介在しているとしか思えない「何か」が感じ取られるのである。「抗し難い力」のことだ。

戦争のような巨大な力は単なる偶然の産物では決してない。そうなっていくプロセスを含めて目には見えぬ「力」によって「そう導かれている」のだ。それは自然原理の一つととらえることが出来る。多くなり過ぎた種《しゅ》が自滅していくように、人類もその様な目に見えない抗し難い力によって戦争を導き出し大量死へと繋がっていくと考えられるのである。

君個人の人生一つをとってみても、過去を振り返ったとき、そういえば人生の大きな岐路に立った「あの時」に「何か」が働きかけるような気がして「決断した」という経験者は多い。それは人生が自分の意志だけですべてが決定されていないことを意味している。

こういった切羽詰まった経験がない人には「抗し難い力」の存在など感受できなかったであろうが、そのような体験は確かにある。それはまた「人生の歯車」としても自覚される。要所要所でAの出来事からBへ、そしてCへという流れが、いかにも事前に用意されていたとしか思えない展開があることである。それを単なる偶然と言うのはあまりに短絡すぎる思考である。鈍感に過ぎるというものである。

それらの実体験を通して古の賢者たちはそこに目に見えぬ天理の法則に気付き、その奥義を後世に残すことになった。それがインドのヴェーダやペルシャのアヴェスターやメソポタミアの天文やユダヤの聖書や中国の老荘の哲学等である。数学の始祖であるギリシャのピタゴラスの幾何学や数学は未来予知を含めて神秘に満ちていた。現代の科学者ですら、彼の境地に到った者は極めて稀だ。近いのは二十世紀初めの

Pythagoras

セルビア系アメリカの大天才ニコラ・テスラぐらいだろう。彼らに共通したことは、神秘の世界を当然として実感していたことである。

星に隠された力

イギリスにはウェールズ大学に占星学の修士課程が認可されている。流石にイギリスは進んでいる。古代天文学とは占星学のことであったが、後世そこから数学的部分が独立し現在の天文学に到っている。その過程で占星学は無知の遺産と言われるようになり、無教養の代表のように言われてきた。しかし、もしそれが本当なら数千年にわたって民衆から支持されることはなかったであろう。

大衆は、外れるような占星学など怒りとともに抹殺していったからである。その中には多くの知的階級者も属していたことを見落としてはいけない。確かにどうしようもない「占い」が世の中にはびこっていることは確かだ。しかし、もしそれだけで高度な占星学が存在していなかったなら、数千年にわたってこれほどの支持を受けることはなかった。高度な占術のお蔭でマヤカシの占いまでもがその傘の中で生き延びていただけの話だ。このマヤカシをもって占星学までもを迷信と決めつける風潮は、科学的思考から逸脱していることを科学者は理解する必要がある。

占星学は気象学と同じで演繹法《えんえきほう》ではなく帰納法《きのうほう》の手法をもって類推していくものだ。気象予報同様に当たりはずれがある。しかし、それは気象予報士の技量の問題でもあるように多くは占星術師の技量不足に起因している。この道の達人になると、ズバリズバリと自分の人生のポイントを当てられ驚かされることは確かである。

世間で占星学を批判する人の大半が実際に学んだことがない人であり、学んでも初心者レベルで何の実力もない人物だ。そもそもそういう人物は初めから偏見があり、論理的思考が欠如している。こういう人物がよくいうセリフが、占星学には星の逆行があるがそんなものは天文が幼稚な学問だった時代の見せかけ上の話で今やそれが誤りであることは判明している。それを理論に入れているなど滑稽としかいいようがない。非科学的で迷信だ、と決めつける。

ところが、その見せかけ上の逆行にちゃんと意味があることは、占星学を実践する者ならよく知っている。気象予報と同じでまだ完璧ではないが、かなりのところまで読み込むことが出来る。少なくともやったこともない人間がとやかく言うのは正に〈私〉が見出されていない人物を意味するだけのことだ。彼らは自分の好みだけを是とする五歳児から抜け出せていないようだ。いや理屈が加わっただけタチが悪い。この種の他者にケチをつけることで自分の存在を示そうとするのは、幼児的感情思考の持ち主と言うしかない。この種の〈他者〉に依存することで〈私〉を見出す人たちは絶対に〈私〉の主人とはなり得ず、ましてや〈自分〉探しへの旅など出来るはずもない。

さて、占星学に代表されるように、人の運命というのは読み取ることが出来る。それは常に星の動きが社会や人や時代に大きく影響を与えていることを示している。このことは、いくつかの事例からも知るこ

とが出来る。有名なところでは兵庫県警が出した統計で、新月と満月の日は自動車事故が多いというものがある。それ以外でもロシアの経済学者のコンドラチェフが発見した太陽黒点と社会現象との関連というのは世界的に有名である。身近なところでは満月の時に自然出産が起こり新月の時に自然死しやすいということはよく知られている。

親がいうセリフにこんなのがある。「どうして同じ兄弟なのにこんなにも性格が違うんだろう！」と。ところが、その違いは占星術をもってすれば一瞬にして判明する。兄弟の持って生まれた星の違いによるものだ。

また、学校において学年別に大きな違いがあることが分かる。明るい学年、暗い学年、きどった学年、荒々しい学年、しぶとい学年、ふらふら自由な学年、元気いっぱいの学年、おとなしい学年、理屈っぽい学年、といった具合に違いを見ることが出来る。これは筆者が実際に母校で体験した内容であり、それはそのまま占星学と符号していたというのは驚きだった。

大きな星の動き

大昔からおとなと若者は反りが合わないものだが、明らかに大きな時代の変わり目というのがある。いまの日本でいえば、昭和的な男っぽい社会原理から、どこかの時点で突如として上下関係が無視されるようになり、女性型の横の関係だけが重視される時代に入った。それは「最近の若者は礼儀も知らん！」で終わってしまいそうなのだが、明らかに通常の若者とおとなの関係以上の違いがそこに生じていることを気付かされるのである。それなどは正にこの時期に大きな星の動きがあることを意味しているのである。

この様に、「何か」目に見えない力が作用しているとしか思えないことがある。唯物論者は鈍感で知識に陥ってしまっているので、この種の変化に気付くことが出来ないが、鋭敏な直観力を持つ者には明らかに「変化」の力が感じられるのである。それが「時代」と呼ばれるものである。この様に、不可解な人知を超えた「力」が作用していることを安易に否定することは出来ない。冷静に〈存在〉を感受するほどに、人は自分の力では何も為してはいないと思わざるを得ないのだ。

君も偉そうにしているとどこかで足を掬《すく》われるから注意した方がいい。偉そうに何もかも自分の力だ、自分の意志だとゴーマンかましていると、迷路に突入してしまうことになる。

人間は何もわかっていない

仏陀に言わせるとこの世は存在していないということになる。この本ではそこまでの話はしない。しかし、この仏陀の真理のことばを無視してはいけない。この本の背後に流れている真実である。この真実を知っている者と体得している者たちだけは、そうでない者たちより遥かに霊性が高いということだけは確かだ。そして、そのずっと先には〈解脱《げだつ》〉と呼ばれる凡人が賢者となり、その賢者が一つの壁を突き破った世界がある。しかし、この本ではそのことは詳しくは語らない。

いま君に知ってほしいことは、人は何も知らない――ということだ。皆知ったかぶりをしたがるが、どんなに情報をかき集めてきても、ただそれだけのことだ。周囲の同類から「凄い！」と言われるかも知れないが、ただそれだけのことだ。ノーベル賞を取るような大発見でもしない限り、そんな情報に何の価値もないのだ。なぜなら〈存在〉について何も語っていないからだ。この〈存在〉の問題を後回しにしてまで語ることなど本来ないはずなのに、人は〈存在〉をいつも後回しにしてしまっている。それどころか考えもしない。ひどいのになるとその存在すら認めない。老子が「愚者がバカにしないようでは〈道〉というには値しない」と言ったことばがそのままだ。こうなるともう愚かの極みだ。救われ難い。そういう人物らはそういう世界で俗人凡夫として一生を終えるしかない。それも定めだ。

科学信仰は人類をここまで落としてしまった。科学と叡智は同時並行で進化していかなければいけなかったのに、叡智を獲得できる人類は限られているのに対し、科学の知識は万民の手にわたることで人類は科学崇拝へと陥ったのである。

そこでもう一度言おう。

人間は何一つ自分の力で為すことは出来ない！
すべてはただ起きているだけだ！

宇宙の創生と人類の進化は関連し、素粒子の性質は人間個人の性質と極めて類似している。否、まったく同じと言った方がいい。つまり宇宙規模で人や社会はこの太陽系や銀河系と繋がっているということだ。この詳細については拙著の『タオと宇宙原理』の中に詳しく述べているので、ちょっと難しいところもあるだろうが読んでほしい。驚くような真実が記されている。人間は宇宙の原理の一つであり、宇宙と離れて生存しているのではない。宇宙と人は一つだ。天人合一の世界に生きているのだ。その秘密を修得した柔術の植芝盛平は合気道を創設し無双の強さを誇った。鉄砲の玉をよけることまで出来た。その様な現代科学では解明できない不可思議な世界にわれわれは生きているのだ。

〈事象がただ起きている〉とは、個人にあっては人間の意志とは関係なく作用しているロボットとしての身体意識の機能のことであり、世界においては何らかの力の作用ということだ。一般にそれらは偶然として語られるが、決して偶然ということはない。それらは常に必然として作用しているのである。いかなるものも因果律がないままに生じることはない。必ず事象が出現する前には何らかの出現因があるのである。そして間違えてはならないのは事象の悉《ことごと》くは何らかの因縁によって君とは関係ないところで生じてくるということだ。しかし、必然として君の前に現われたものは君自身の因縁との関わりがないということにはならない。

つまり、個人も事象もこの世界は機械的作用としてただ起こっているだけなのである。人間は遺伝子の命令のままに動かされているのであり、世界は現象因のままに出現しているだけに過ぎないのだ。だから、それは誰がやった彼がやったということは言えないのである。やっているのは一つの原理としての機械性

でしかないからだ。君の意志はそこにはない。君は何も為すことは出来ないということだ。

その君とは〈私〉の主人となっていない君のことだ。君が君の主人となり得たときに初めて君の為すことは君が為したと言えるのである。君自身が自分〈私〉の主人になれない限り、君は何も為していないということになる。

そして、宇宙原理に従う星は常にこの地球でも太陽系でも銀河系でも銀河団でも互いに影響し合い、この人類をも支配しているということである。それはこの宇宙と連動する人間の意志を支配する〈何か〉の存在を暗示することでもあるのだ。

ループからの脱出

魂の結晶化

そして、人は運命の中で生きることになる。そこには葛藤が生まれ、苦痛に満ちた人生を歩まなくてはならない定めがある。そこで君がどれだけの葛藤を昇華できるかが課題となる。そこで君がどれだけの犠牲を払えるかが問われるのだ。葛藤の昇華とは、自己犠牲を意味するからである。決して漠とした認識内に対立する両者を意味もなく受け入れ無思考のままに適当に扱ってしまうことではない。

葛藤の昇華とは一つの諦めでもあるのだ。器が大きくなくてはならないが、同時に現実としての矛盾と対立を一つの諦めの意識のもとに自分の内に受け入れることであるのだ。それは正に自己犠牲である。対立の相手には何の損失もなくただ昇華せんとする君だけが犠牲を受け入れるのだ。これこそが霊性が高まる唯一無二の方法である。

君が犠牲を選んだ瞬間に次へと進化した証しとして

君の魂は一つの〈結晶化〉を成すことになる。

結晶化とは新たな霊格を形成したことを意味する。その時君はステージが上昇し一つの試練をクリアしたことを指し、新たな霊性の持ち主となるのだ。これにより、なぜこの世が存在し、人々がこの何とも不可解な世界で嫌な思いをしながら生きているかの理由が分かるだろう。それは〈他者〉との間に生じる葛藤こそが凡夫なる人間を向上させる唯一の方法であったからである。だから人生において君は何度も何度も犠牲を強いられることになるのだ。もしこれを拒絶すれば、君の魂は結晶化を果たせず次のステージに進むことなくゲームオーバーとなってしまうことになる。

この世とはゲームの世界なのだ。君はヴァーチャルな世界で君という主人公を演じているに過ぎないのだ。そして、次々と難題が君を襲ってくる。そのすべてに君が勝者となれば、そのゲームはクリアできるが、一つでも失敗すればまたやり直しということになる。

実は、君は同じ人生を何度も繰り返していると言ったら驚くだろうか。君の中に去来していた「あの感覚」

それはここから来ていたものだったのである。実は君は何度も何度もこの世界を体験しているのだ。毎回同じ所でミスを犯し、このゲームから抜け出すことが出来ないでいる。それが「犠牲」だ。

君はこの犠牲の実修で毎回ミスを繰り返していたのである。

そうだったのか!

どうして雑多なレベルが小さな地球上にひしめき合うのか。それはこのためであったのだ。雑多であればあるほど葛藤は複雑となり、より険しいものとなるからだ。下からの攻撃と上からの差別とが戦っているのだ。どちらも自分が正しいと言い張り犠牲となろうとしない。いつも相手をやっつけることしか考えていない。だからこの両者はずっとこの地球上に出現して同じケンカを繰り返すことになっているのだ。実はどちらかが進んで犠牲になれば、その瞬間にそいつは結晶化し上昇するのだ。しかし、この〈秘術〉を誰も知らない。だから、今日も皆、相手に勝つことしか考えない。

そして、〈成るように〉人は生き続ける。君の人生も君が決めているように錯覚しているだけで、実際はそうではない。君の人生も他者の人生も社会の動きも国家の発展や混迷もすべて、君の思惑を超えて

〈ただ生じてくる〉のだ。

抗する手段もないままにそれはやってくる。それは一つの意志だ。君を試す一つの意志なのだ。しかし、誰もそのことを知らない。だから目の前の試練をただの不快事と信じこみ、攻撃することしか思い浮かばないのだ。あるいは逃げるだけだ。君の場合はシカトするだけかな?

それではだめだ。

結晶化は起こらない。君は次のステージに進めない。またしてもゲームオーバーとなってしまう。そしてまた、君はその肉体を脱ぎ捨てることになる。君は「あの時」なぜ我慢しなかったのか考えたことがあるか? あの場面では我慢しなくてはならなかった。そして、あの場面でも君は相手の立場を理解し君の欲求を半分に減ずるべきだった。

もっと酷かったのは明らかに君の判断ミスだったにもかかわらず、相手から酷い言葉を投げつけられたことで逆ギレし相手を罵倒した。あれは完全アウトだ。君は犠牲の意味が分かっていない。なぜこの世が不条理なのかもだ。不条理だからこそ君は自身の魂を掬《すく》い上げることが出来るチャンスがあるんだ。その事を絶対に忘れてはいけない。

そのためにも、君はもっと強くなる必要がある。すぐに他者の一言で傷付いていてはそれ以上先に進めない。人は皆、人生を語ろうとするときに深く考えようとするが、基本さえ理解していれば何も難しいことはない。要するに、「善を為せ」ということだ。この事さえ理解していれば君も対立が生じた時でさえ、犠牲を選択できるようになる。

すでに、百年近くも前から人間の悩みの大半が人間関係であることが、アメリカの心理学の研究で語られてきた。君の悩みも大方はそうだ。ブスだブ男だと悩んでいる人も所詮は他者の眼を気にしているだけの話で、自分の醜さなど何も気にしていない。もし、本気で他者の存在と関係なく自分の醜さに気付けたとしたならばそれは凄いことだ。そいつは必ず悟りを開けるようになるからだ。

ところが、君らが自分の美醜に拘るのは、色欲に支配されているからだ。テレビやスマホで異性のことばに支配されているのだ。性本能に支配され、好きな異性を獲得しようと遺伝子に踊らされているにすぎないのである。だから実に下らない「みせかけ」に拘り、それだけに終始してしまう。そんなヤツが手に入れたカッコよさなんて犬の小便ほどの価値しかない。そこまで美醜に拘るのなら、なぜ精神の美醜に拘らないのか！　もし君が、精神の美醜に拘ることが出来る優秀な人なら、君の未来は洋々と開かれていることを意味している。そして、この最終の旅路で君は最高の霊格を手に入れることになる。聖者だ！　しかし、今はそんな夢物語を語るのは止めておこう。今の君に必要なのは、日々の葛藤からの離脱だからだ。

いい人であれ！

先ずは、いい人であろうと心掛けることだ。ありふれたことだが、この心掛けは後に大きな力となってくれる。そのためにも自分のための嘘を吐かないようにすることだ。相手のための嘘すなわち方便は、ときには必要だ。元気のない奴に「元気出せよ、うっとうしい」と言うよりは「元気だせよ、応援してるから」の方がいいに決まってる。本当は何も応援していなくても、そう言ってあげた方が「うざったい」と言うよりは遙かに健全だ。そんな嘘なら大いに結構だ。しかし、決して自己弁護のための嘘は吐くな。これは必ず相手にわかってしまうし、何より自分自身が好きでなくなってしまう。自分を自分が好きでなくてどうする。そのためにも、自己の損得のために嘘を吐いてはいけない。

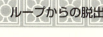

たとえ、それによって他者から騙されたり不快な思いをさせられたりしたとしてもだ。君の人生の目的は霊《たましい》の向上だ！　こんなところでつまづいていてはいけない。正直に生きろ！　誠実に生きろ！　一所懸命に生きることだ。それが青年の輝きであることを忘れるな！

いつも自分自身を見詰める習慣を持て。そのためにはスマホのスイッチを数時間オフにすることも学ぶといい。自分だけの時間を持たない者に〈自分〉探しなどあり得ないからだ。そして、若いうちに瞑想を始めるといい。誰しも初めはド素人だ。せいぜい三分、五分、十分の黙想が精一杯だ。しかし、熟達してくると初心者には信じられないような奥深い意識が生まれてくる。

神秘なる地平

それはただジッと君を見続ける存在だ。それは君のどの意識でもなく、どの感情でもない。ただそれはジッと君を観ているだけの存在である。その眼は君に多くの真実を教えるようになる。その時には、君の瞑想は一時間どころか十時間も丸一日も平気で出来るようになっているだろう。その時には、君は今とはまったく別の世界を観るようになる。新たな地平が出現しているのだ。深くなると、瞑想の最中に信じ難いような神秘体験をするようにもなる。

一つの魂の結晶化が行なわれた瞬間、部屋の中に坐っていても、目の前の壁という壁がすべて消えさり、ビルというビル、家という家、何もかもが消え失せて地平線（水平線）の彼方までもがその眼に映じられてくる瞬間がある。それは感動以外の何ものでもない。精神は果てしない彼方まで見透せるような感覚になる。それは実に美しい世界だ。それは象徴としての地平線（水平線）であり、人の住んでいるリアルな地平線ではない。その瞬間は実に感動する。まじめに瞑想を修していけば、君もいずれ体験する時がやってくるだろう。

精神の統一〈瞑想〉

君は瞑想を為したことがあるか？　脚を組んで姿勢を整えて行なうアレである。何分やったことがあるだろうか？　西洋人などは十分程度座っただけで瞑想体験をしたと自慢気に話してくるから驚かされる。瞑想には〈力〉がある。巷では瞑想本が売れているようだが大いに結構なことだ。たとえどんなにその指導者のレベルが低くとも、市民が瞑想に触れることはいいことである。しかし、本物の瞑想ということになると、彼らには手も足も出ない。まったく別物だからだ。次元が異なる世界であるからだ。天と地ほどの差がある。

瞑想には、先ずその前に準備の段階がある。

1，座を組むだけの柔軟性が脚と背にあること
2，誰にも邪魔されないこと
3，場を浄めること
4，歯を磨くなど身を浄めること

5，衣類（心）を整えること

6，心を静めること

次に、いよいよ本番となる。普段、落ち着かない君もこの時だけは心を落ち着けてやるように

〈姿勢〉

一、半跏趺坐に脚を組み、背筋を伸ばして顎をひき、手を脚に置いて姿勢を正す。

二、眼は半眼にして呼吸を整える。

〈呼吸〉

一、鼻からゆっくりとした腹式呼吸を行なう。

二、息が苦しくなったら深呼吸をして落ち着かせる。

〈意識〉

一、鼻からプラナ（気）が入り、臍下丹田《せいかたんでん》（へその下）に収まるイメージをする。

二、基本的に意識はプラナの出し入れを追っていく感じで行なう。

三、息が切れて苦しくなった時は、一度、普通に呼吸し再開する。

四、臍下丹田にプラナが溜まっていくのを実感する。

五、ひたすらプラナの出入りだけに意識を集中させる。

〈時間〉

1、まったくの初心者は、三分から始めるとよい。

2、慣れてきたら五分、十分、十五分、二十分と、五分ずつ伸ばしていくとよい。

3、自分の限界の時間が訪れたらその時間で何回も実修を続ける。

4、遂に、その初心者の壁を破ることが出来たら、また五分ずつ伸ばしていくとよい。

5、一時間が楽々と出来るようになったら十五分ずつ延ばしていくとよい。

6、三時間出来るようになれば十時間は出来るようになる。

7、十時間出来るようになれば、二十四時間出来るようになる。
8、二十四時間出来るようになれば、一週間出来るようになる。
9、一週間出来るようになれば、一カ月出来るようになる。
10、一カ月出来るようになれば、三カ月出来るようになる。
11、三カ月出来るようになれば、一年出来るようになる。
12、一年出来るようになれば、一生出来るようになる。

〈深さ〉

一、初心者は呼吸するだけで大変である。
二、初心者は姿勢を維持するだけで大変である。
三、初心者はプラナを意識するだけで大変である。
四、初心者は先ず右のことを修得すべし。
五、中級者は一～三を徹底し、苦なく出来る状態となる。
六、中級者は静かな呼吸が出来る状態となる。
七、中級者は丹田にプラナをよく収められる状態となる。
八、中級者は先ず右のことを修得すべし。
九、上級者は五～八を徹底し、苦なく出来る状態となる。
十、上級者は呼吸と共にプラナ（気）が躍動する状態となる。

十一、上級者は丹田に収まったプラナ（力）を持つ状態となる。
十二、上級者は日常ではあり得ない穏やかな精神状態となる。
十三、上級者は自分と他者の霊的因縁を読み解ける状態となる。
十四、上級者は先ず右のことを修得すべし。
十五、超上級者は十〜十二を徹底し、苦なく出来る状態となる。
十六、超上級者は瞑想中、呼吸がまったく為されなくなる状態となる。
十七、超上級者は数多く神秘体験をする状態となる。
十八、神仏神理の何たるかをありありと理解できる状態となる。

さて、君のいるところはもちろん初心者である。誰もが最初はド素人であり、一歩一歩深くなっていく以外に超上級者となる近道はない。辛抱強くやり続ける以外に方法はない。続けられる者だけにその才が有ることが証明されるのである。続けるだけの才有る者は必ず上級者までには到達する。

ただし、超上級者だけはそうはいかない。このレベルに達するには先天的因縁が絶対条件となり、ただの努力だけでは単なる意志の強さだけでは到達することが出来ない。ここに到達する者は十代の時からすでに瞑想に通じていて、おとなも知り得ない〈真実〉について気付いているだけの素養を必須とする。君では少しムリかも知れない。もちろん可能性は有る！

こうやって改めて見ると、巷の瞑想とはまったく異なることがよく分かるだろう。過去の行者たちが一様に述べていることを付加するならば、肉が大好物という人物は中級までが精一杯だ。それ以上に進むことはない。この上達には霊的な作用が働いてくるからである。ちょっとむずかしい話になったが、まあそれ程深刻に考える必要はない。才能があるかないかはやってみれば分かることだ。無ければ、さっさと諦めてしまうことだね。人それぞれだ。

瞑想だけが一番ではない。いくらでも君を向上させる方法は有る。なんと言っても君には「葛藤」という武器がある。このメチャクチャ得意な君の技を使えば、君はあっさり上級者に達し、さらには、超上級のレベルにまで到達するかも知れないじゃないか！　君には沢山の希望がある。諦めることもひねくれる必要もない。本気なら君はなんだって出来るんだよ！

問題は挑戦する気は有るか、だ！

若い君にはいくらでも可能性がある。だから広い視野で事に臨むことだ。異種格闘技の挑戦者であることだ。若い時は、興味を持った事を三年間徹底的に訓練修得し、そこで一旦卒業し、次のまったく別の事にまた三年間没頭し修得する。三年間で超一流でなくてよいから、一流のレベルまでには必ず到達するだけの努力が重要だ。ここで手を抜くと、君は〈本物〉を手にすることがないままに、楽しい人生を送るだけで終わってしまう。

楽しいだけの人生なんて何の深みもなくて、この世を去る時にガッカリだ。だから苦しんだり傷付いたり悩んだりした方がいいに決まっている。人生に深みが出るというものだ。いつもヘラヘラしているヤツなんかに何の深みも感じないだろ。あんなヤツになりたいなんて思わないだろ。

それなら少し〈自分〉について考えてみることだ。さらに〈存在〉について深い深い思考に挑戦してみることだ。こんなことを言うと、世の中のお気楽な人たちからは、「暗いヤツ」なんて言われたりするが気にするな。そう言ってる連中なんて犬と同じだ。愛嬌ふりまいてるか吠えてるかのどっちかだ。そんなヤツらなんか相手にする必要はない。時間がもったいない。君が真剣に何事にも挑戦していれば、周囲は必ず認めてくる。放っといても認めてくる。だから、勉強も遊びもデートも真理追求もガンガン本気でやることだ。本気の奴だけが生き残っていくということだけは、しっかりと頭に叩き込んでおくことだ。

あと二十年もすれば分かるが、どんな事だって努力しなかった奴は人生の敗北者になっている。生きるとは、何をやったっていいんだ。この俗世の処世術なんてなんだっていいんだ。そんなことは人生の目的ではない。それはあくまで脇役なんだ。ところが俗人というのは、この金を儲けることだけがすべてになってしまう。少しマシな奴でも家族第一主義ってレベルで終始してしまう。そして、臨終の時に、愛する家族に見守られて逝くことが出来て幸せだと吐露するのだ。テレビのお涙ポロリのシーンであるが、人生の意味はそういうことではない。

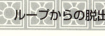

〈存在〉の何たるかを追求せよ！

中国の孔子が存在の本質について御者の例えをもって語っている。孔子は、魯《ろ》の孔大将軍の妾の子で随分と苦労して学問し、遂に天下にその名を知られた大人物である。聖人の名をほしいままにしている人物でもある。彼は、文武両道に優れた人物であった。それは彼が学んだ周王朝の君子（士）のたしなみとされた六芸《りくげい》に由来し、礼・楽・射・書・御・数の一つの御を指す。

「礼」とは礼儀作法や典礼のことであり、孔子は非常にその厳密さにこだわったことで多くの敵を宮中内に作ることになり、その結果、十数年にわたる放浪の旅に出るなどの大変な苦労をしている。「楽」は音楽のことであり孔子は琴の名人でもあった。「射」は弓のことであり、これは当代一の使い手であったと伝えられている。「書」とは、本来中国古代の理想の君主、堯・舜《ぎょうしゅん》らや、暴君の代名詞、夏《か》・殷《いん》の歴史と、孔子が理想の国とした周の三皇帝創始者の文王・武王・周公の事蹟、君臣の言行を述べた史書でもある。孔子はこれを読んで、正義とは何かをその精神に刻印したのである。そして、「御」とは馬術のことであり、いかに馬車を御するかの技術をいう。「数」とは算術のことだ。

関係ないことまで紹介したが、さて、孔子が「御」について語っている。戦国時代にあって馬車を御することは命に関わることであった。士以上の身分の者は、いざ戦《いくさ》への時に馬車を駆使できないようでは役立たずだったのだ。万能であるべしと考えていた孔子は、単に知識を得る学問に精通しただけでなく、この武術である「御」も超一流のレベルにまで達するのである。その極意の説明の中に、人間〈存在〉の秘訣が語られている。

つまり、人馬一体ということばがあるように、馬車は御者と馬とが一体とならなければ正しく操作することが出来ない。馬が勝手な方向に好きに動いたのでは馬車は機能しない。馬は御者の意志のままに動かなければならないのである。ところが、これは逆の立場からも言えることで、御者がうまくその意志が伝達できなければ、馬もどこを走っていいか分からないのである。

さらには、馬と御者を繋ぐ手綱が正しく結ばれていなければ、御者がいくら正しく意を伝えようとしても伝わらない。手綱は正しく付けられていなくてはならず、その手綱を使って御者の意志は馬に正しく伝えられなくてはならないのだ。

さらには、御者が乗っている車も馬と正しく結ばれていなければ正しく機能することはない。それどころか、走行中にはずれたり壊れたりして御者の命すら落とすことになる。

さらには、御者が車の上でいかなる動きに対しても自身のバランスを維持できなければ、馬車は正しく走ることは出来ない。孔子はこの習得に誰よりも集中して励んだと言われている。そして、「御」では魯で敵う者なしの腕前になった。一般の聖人のイメージとはまったく異なる人間孔子の偉大な所でもある。孔子には万能主義的なところがあったように思われる。それは、人間の完成とは全方位に優れていなければならないという思いがあったからである。

さてここで、君は考える必要がある。この馬車を君自身と仮定した時に、君とはどれかを説明してほし

い。君は御者だろうか？　それともまさか馬ではあるまい？　それとも車か、あるいは手綱や車輪や車軸だろうか？　君は優秀だから私のこの誘いには簡単には引っかかるまい。その通りだ！　君が思っている通りだ。実存する君とは総体としての人馬一体の馬車のことだ。そこで改めて訊くが、君とはなんだ？

君は、君と自認している〈意識〉と無意識に自分と指差している〈身体〉の二つから出来ている。さらに、いままで学んできたように君が思っている自分とは、他者に支配された〈私①〉と自分が支配者となった〈私②〉とがいる。そしてここからが重要で、この〈私〉にはもともとは〈自分〉という母体が存在した。この〈自分〉が他者の登場と共に〈私〉という意識を派生させ、その〈私〉がいつの間にか〈自分〉を覆い隠し、遂には〈自分〉を乗っ取ったのだと語ってきた。

そこでこの馬車の例えから、実に明瞭に君自身の状態を理解することが出来る。君の精神の構造を示すと次のようになる。

主人…根本意識　〈自分①〉……本体（魂）
↑
御者…第一精神の〈自分②〉……本性、意志
↑命令　　　　　　　　　　　↑
手綱…第二精神の〈私①〉………理性、知性
↑命令　　　　　　　　　　　↑
馬……第三精神の〈私②〉………感情、生理

――〈馬車〉――

つまり、御者は命令する根本意識たる主人と一体化したものであり、車は身体であり、手綱はその知性であり、馬は好き嫌いで動こうとする感情である。総体としての馬車は実存する君そのものだ。君とは肉体に縛られて、自分を肉体と勘違いしてしまっている存在だ。正にその肉体とは機械的意識そのものだ。君は自由の利かない感情や生理なる馬を制御し、他者に縛られた〈私〉を支配し、車軸を通して一体化しているこの精神と肉体の持ち主であるというわけだ。

肉体なんてものはいらない、と言い出しそうだが、確かにその通りだ。こんなものはない方がいい。神様だかなんだか知らないが、こんなものさっさと無くしてくれという君の声が飛んできそうだ。誰しもが君と同じ考えだ。しかし、この肉体から自由になることは至難である。

ダスマンになるな！

この様に、人は構造的な致命的欠陥を持っているというほかない。しかし、だからこそ人間なのであって、この世にあっては人間から離れてわれわれの存在もないことは確かなのである。要は如何にこの事実に気付き、この現実次元から脱出できるかということだ。

そこで君は葛藤を学び、瞑想の仕方まで学んできた。そして「いい人であれ」というメッセージを送られている。だが、主体性のないいい人はこの日本には信じられない程たくさんいる。いい人と言えばいい人なのだが、何か特殊な光を当てると透明になってしまって存在していないことを意味させられてしまいそうな人たちである。

ハイデガーがいう「世人」ダスマンである。ダスマンとは決して悪人という意味ではない。愚かな人という意味だ。ここにハイデガーの〈生〉に対する真剣な思いがあったことが推測できるのである。自分の死を前提とした人生に対して、彼は何かを思い救いを求める形でダスマンを否定し世界内存在に言及した。それは暗に「世界外存在」を強調した言葉であったのだ。彼はその言葉の中に死後の救いを希求したのである。

その意味で、君も単に「いい人」であってはならないことを意味している。主体的に「いい人」でなければならないということである。他者に依存した「いい人」ではなく、他者から離れて自立的な「いい人」として君はあらねばならないということだ。そうした時においてのみ、君はその存在が肯定され「生き残る者」として選択されていくのである。

だが実にめんどうな話なのだが、だからといって、我の強い主体的精神は決して主体者たり得ないということなのである。それは〈他者〉に対する対立として生じた自我の強い〈私〉なのであって、他者から独立することがなく、常に他者に支配され、それに反発する形で自我を増大させ自己主張し続ける形での一見主体的に見えるが、実は他者に支配されたままの〈私〉でしかないからだ。その様な形での善行為は、しないよりはマシだが本質へと向かうものとはならないということである。

そのことをきちんと理解した上で、「いい人であれ！」と改めて君にエールを送ろう。では、どの様な生き方を指針とすればよいかと言えば、老子の**無為自然**の生き方である。

老子の無為自然

無為とは大いに為すことを意味している

では、君が何度も体験しているゲームの世界から如何にして脱出できるかを老子の教えを通して語ろう。巷では、「無為」の正しい意味が理解されていないので注意しなくてはならない。

老子は、世間の人々が出世することばかりを気にかけ財を成すことに窮々としているのを見て、彼らは大変優秀で、自分は愚鈍だ。彼らは何でも出来るが自分は何も出来ない、と自虐的な句を述べて世の愚かしさを揶揄《やゆ》している。そして、その様な自分だけが深玄なる存在の本質たる「タオ」に抱かれていることを明らかとするのである。そのタオ（道）に生きる姿こそが**無為自然**のあり方なのである。

一般には、何も為さないことで本来の自然な生き方となるのだ、といった理解がされているのだが、それは大間違いだ。「無為」とはあらゆることを為す意味なのである。『老子』では次の様にいう。

道《みち》は常《つね》に為《な》すこと無《な》く　而《しか》して為《な》さざることは無《な》い

神秘の道《タオ》は常に何かを為しているようには見えない。しかし、その万象において一切為していないことなどないのだ、と語っている。人間社会では、オレがオレがと自分の評価や目立つことを欲する人ばかりであるが、そういう人こそこの意味を少し学ぶべきだろう。もっとも無理な話か——。これは、人の生き方を同時に示しているものであり、自分自分と勘違いしている他者を意識し続けるニセの〈私〉を捨て去ることを老子は指摘しているのである。

若者がユーチューブに出たがる気持ちも分からなくはないが、そこでやっていることは自分がやっているのではなく、他者に支配されてやらされているだけのことだ。だからそんな主体性のない事を為すのは止めてしまえ、そうすれば、君らには立派な〈私〉が君らのものになり、さらには本物の〈自分〉を手に入れることが出来るんだぞ。そこまでいけば、君らはどんな事にだって精通しておる道の達人となるのだ、と老子は曰《い》う。

おもしろいのは、**「希《まれ》に言うは自然なり」**である。その意味するところは「おしゃべりは自然に反している」

という意味である。なぜ悪いのかの理由に老子は、「自然というのは一日中暴風が吹き荒れることなどはない。必要な時だけ大暴れしているがすぐにおさまる。それが自然の理というものだ。だから、のべつまくなく喋り続けるような者は自然の理に反しておるのだ。無能に従った行動をとる者は無能になってしまうぞ」と戒《いまし》めている。

人は不必要に何かをしようとする。不必要に考えようとする。不必要に分別や差別をしようとする。不必要に人ゴミの中に出かけ、不必要に騒ぎ、不必要にケンカをし、不必要に他人を気にし、不必要に何かを心配する。老子は、そんなことは止めてしまえ、というのである。

人が泣こうが笑おうが毎朝太陽は上ってくる。太陽の光は誰彼貧富の差なく平等に降り注ぐ。四季も決まったように訪れる。君が何をやっていようが関係ない。人間が当たり前と思っている自然現象のすべては道（タオ）の顕われに過ぎない。人々はそこで道（タオ）が何かを為しているとは誰も感じない。しかし、四季は常に巡り誰一人太陽の恩恵に与《あずか》れない者はないのである。このように道（タオ）は常に為すことなく、しかも為さないことなど何一つないのである。

人は道（タオ）のようになりたいと思うなら道（タオ）のようになるのだ、と老子は言う。だから思惑を一切持たない道（タオ）のようになりたければ、君も一切の思惑を捨ててしまえばいいってことになるってことだ。こんな簡単な話はない。そうすれば、君は本物の〈自分〉に辿り着くことが出来る。

無為自然を実際的なものとして語っているのが水についての次の文句だ。

上善《じょうぜん》は水《みず》の若《ごと》し　水は善《よ》く万物《ばんぶつ》を利《り》して而《しか》して争《あらそ》わず　衆人《しゅうじん》の悪《きら》う所《ところ》に処《しょ》す　故《ゆえ》に道《みち》に幾《ちか》し

一九七〇年代『燃えよドラゴン』で一世を風靡したブルース・リーが彼の著書の中で中心的思想として語っている内容でもある。彼はこの老子の言葉をとても愛していた。彼のクンフーは実にみごとであったが、すぐに死んでしまって惜しいことをした。白人社会が初めて圧倒的な憧れとして東洋人を見詰めた最初の大スターだったであろう。戦前には日本人の大スター早川雪洲が白人女性を虜にし、ハリウッドに君臨した時代もあったが短い期間だったから、これだけの人気を維持し続けているという意味でブルース・リーは偉大だ。まあ、こんな昔話はいいとして、「上善は水の如し」である。

上善とは、言うまでもなく最も善い行ないという意味である。それは水の如きものだと言う。すなわち、水は実に自由であり自在であり柔らかく融通無碍《ゆうずうむげ》である。一見弱々しそうにしているが、小さな滴《したた》りでも千年もかけて巨岩に穴を開けることが出来る。怒涛の水は大岩も簡単に押し流してしまう。どんなに堅牢な建物の中にも小さな隙間から何事もないかのように浸透し崩壊させる。弱々しく見える川の流れは、最後は大海に戻るだけでなく、人が嫌う低地の湿原に溜り腐りもする。何よりあらゆる生物の命の源である。これ程の変幻自在にして美しくまた弱々しく、そして何よりも強いものなど他にたとえるものがない。そのあり方こそ道（タオ）の姿によく似ているというのである。

老子は凡人には理解できない道（タオ）をこのように水にたとえて、その意味するところを教示し人もかくあれと言うのだ。いつもいつも、他者の言葉に過剰反応し、他者の眼差しを気にし、見栄や面子《メンツ》にこ

だわって、人とトラブルばかり起こしている人間たちに、そんなつまらんことは止めてしまえと言うのだ。そうすれば、最も強靭な精神がその内に誕生することを示唆したのである。

これこそが**無為自然**の姿であるのだ。水は何事かを為そうとすることなく、ただ天理に従って高い所から低い所へと流れていっているだけだ。自らの考え思惑など何一つない。自ら為すことなど何もないのだ。ただ自然のままに流れ行くだけなのである。それなのに自然にとって必要なあらゆることを為しているのである。上流の泥を下流へ運び、海辺へ砂を運び、山の森や動物を潤おし、水生生物を育て、人々へと命の糧を与えるのだ。それはまた天空へと昇り雲となって再びと大地を潤す。

道（タオ）とは正にそのようなものであり、君もそのタオのように、水の営みのように自我の思惑を離れて、ありのままの自分で正直に生きさえすれば、自分から仕掛けなくとも自然と成功をおさめ名声も得られるようになる。それらを求めない生き方さえすれば——。そう老子は説いているのだ。

君も、不要な考えは持たぬことだ。人との間に計算を入れてはいけない。よくやり手の人物で計算高く、自分の利益ばかりを考えている人がいるが、そんな人は傍から見ていてもすぐに分かるものだ。いつも欲と自分本位で動いていて、それでうまくいくと思っているのだが、誠実さがない限りその人の計算思惑は悉く失敗する。それでも行動力とバイタリティと集中力がズバ抜けているから、失敗してもすぐに立ち直り、それなりにはやっていくのだが、もし、少しの謙虚と誠実と嘘の少なさがあれば、遙かに大きな成果を手に入れることが出来ただろう。

君はそんな自己中な人物ではないからそういう心配はいらないが、不必要なことをいちいち考え過ぎていることは確かだ。早くそこから抜け出すことこそが、君が次なるステージへと向かう必須条件である。

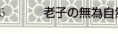

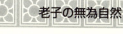

そのために、呪文のように「水、水、水」と唱えていることだ。そうすれば君の葛藤も少しは減ってくれるだろう。そうこうしているうちに、葛藤などまったく生じなくなる日が訪れてくれるに違いない。

早く優れた御者となって愚かな自分を制御できるようにならなくてはいけない。そういえば老子も知識が世の中を悪くしたと言っていたものだ。老子は誰よりも知識や知恵を毛嫌いしていた。そんなものは要らない。のんびり道（タオ）に抱かれているだけでいいじゃないか、と。

老子に触れたついでに老子の究極の真理に触れてもらうことにする。それは「一」だ。

聖人は一《いち》を抱いて天下の式《のり》（規範）と為る

天《てん》は一を得《え》て以《もっ》て清し

地は一を得て以て寧《やす》し

神は一を得て以て霊なり

谷は一を得て以て盈《み》つ

万物は一を得て以て生ず
侯王《こうおう》は一を得て以て天下《てんが》の貞《かしら》と為《な》る
其の之を致すは一なり

『老子』小川環樹 訳

この〈一〉の理解はほとんど不可能なくらいに難しい。専門家でもその明確な所は誰一人語り得ないというのが実際である。しかし、ここまで読んできた君には、おぼろげながらその意味するところが浮かんできているかも知れない。この〈一〉を理解できるようになれば、この世に生きていることの意味はすべて理解できることになる。その意味では楽々と生きていけるようになるし、まったく不安に襲われることなどなくなってしまう。

同じ哲学でも、西洋哲学をやっているといつまでたっても結論が出ず、何もかもが曖昧だが、難解と言われる老子でさえ、この様にズバリの解答を得ることが出来るのだから、東洋哲学は実に明晰である。ここに語られている〈一〉とは一切の根源を意味している。その根源が根源性としてこの世界に関与した状態を説明したものである。「聖人は一を抱いて天下の式《のり》となる」とは聖人は叡智を獲得することで天下の規範を示したことをいう。

宇宙開闢《かいびゃく》時において天地は混沌としていた。この意味するところは、宇宙がビッグバン以降、プラズマ電子のスープ状態の時は光が前に進み出すことが出来ず、宇宙は真っ暗であった。それが、宇宙が冷えてきた三十八万年後、ヒッグス粒子により素粒子に質量が与えられたことで、単独の原子核と電子が結びつき、最初の物質である水素とヘリウムの原子が誕生し始めたことで、スープ状態が解消し、宇宙は光子によって明るく照らされるようになった。詳細を知りたい人は拙著『タオと宇宙原理』を読んでもらえるとワクワクしてもらえるだろう。

この宇宙の晴れ上がりを、「天は一を得て以《もっ》て清し」と解することも出来るし、太古の地球惑星が高濃度の水素・ヘリウム大気から二酸化炭素型となり、さらに海においてシアノバクテリアが光合成を始めたことで大気が酸素優位型になった状態辺りを指しているということも出来るだろう。その時点において「地は一を得て以《もっ》て寧《やす》し」となった。しかし天地開闢と言われる内容はビッグバンの原初を指すと考えるのが普通だろう。なんであれ、そこには〈一〉なる根源の力の作用があったということだ。このように〈一〉とは神秘な絶対的力を指している。君ならこれが何を意味しているかはおよそ検討がついてることだろう。

「神は一を得て以《もっ》て霊なり」とは、人間が思考しているヴァーチャルな神の形をした概念も〈一〉の根源力を得ることで生きた霊としてリアルに存在することを意味している。

「谷は一を得て以《もっ》て盈《み》つ」とは、神秘の象徴である霊なる谷神は〈一〉を得てエネルギーに盈《み》ち溢《あふ》れると言っているのである。これは象徴としての地球のことであり、また幽谷であり、人体にあってはそこに宿りし霊のことを指しているのだ。

「万物は一を得て以《もっ》て生ず」とは、動植物も無機質も根源のエネルギーが加わり生命を賦活《ふかつ》させ、新たな命を宿らすのである。生命進化の根源力もこの〈一〉の作用によるものだ。

「侯王は一を得て以《もっ》て天下の貞《かしら》と為る」とは、天命が下ることを指す。人間《じんかん》にあっては目に見えないエネルギー転換の時期が定期的に生じるのだが、その力が〈一〉であり、その力により「天命」が新たに降ろされて新たな王が誕生するのである。

そして、それらの一切を為すのは〈一〉なる根源のエネルギー作用であって、これなくしてこの宇宙もこの地球も、この世もこの人間も出現することはないと老子は言っているのである。その根源のエネルギーこそが道（タオ）であるのだ。タオがこの世界に遍満しない所はない。一切に満ち溢れている存在である。それと同時に根源の存在としてこの世界の崩壊と共に再びと〈一〉へと吸収されるのである。その様な存在として〈一〉が語られているのだ。

これは、老子からのわれわれへの熱烈なメッセージだと受け止めることも出来る。つまり老子は、負けるな！　頑張れ！と君にエールを送っているのだ。この世界が紛れも無く道（タオ）に満ちていることを知らせてくれているのである。

「だから何も心配はいらんぞ！」

と曰《い》う老子の声が君にも聞こえてくるだろう！　老子の前に出ると、〈他者〉や〈私〉や〈自分〉などという理屈などどうでもよくなってくる。ここに生きてる。それだけで「善いかな　善いかな！」という声が聞こえてくる。

しかし、こんなことを言うと、それを単純に真に受けて、瞑想なんてめんどうくさい、じゃあ友達と飲み会でもやるか、と言っては困る。まだ、そこまでいくにはちょっと早すぎる。君は老子の境地に達するには遙か遠い道のりだ。堅苦しく考える必要はないが、やっぱり生きていることの真実について、君はもっと学んでおく必要がある。

遊ぶのはそれからで充分間に合う！

魂・霊とは何か

死ぬということ

さてここで、一度、死について考えておこう。死は誰しもに訪れるものだ。老人だけでなく死産を始めとしてすべての年齢層でそれは体験できる。要は、君は君の寿命で死ぬということである。寿命は決まっているのか、というのがいつも出てくる疑問だ。君はどう思う？

寿命は決まっているといえば決まっている。大方の人はその寿命のままに死を迎えることになるが、死に方については多少の変化はある。一部には寿命が明らかに延びる人もいる。それは、生きている時に尋常ではない努力をした特殊例である、その場合の努力とは仕事や金儲けといった類ではない。スポーツを頑張ったということでもない。

この答えは、老子の言葉の中にもあった。それは自然の理に適った生き方に転ずるか否かである。すなわち太陽と共に生活する生き方である。太陽と共に起き、太陽の下で働き、全身を動かす。食事は栄養のあるものを感謝して適量（腹八分）頂く。人との会話は明るく否定的なことを口にしない。見栄をはらず、威張ることをせず、欲を出さず、相手の立場に立ち、進んで自分が犠牲になる。周囲の人のために役立つことが当たり前で、感謝されることをまったく期待しない。そして、昼に体を使役したら夜は一人静かに思惟し、また瞑想をする。そして、その日のうちに眠って翌朝、太陽と共に起きるのである。

この様に自然のリズムの中の生き方に完全に自分の人生を転換することが出来た人だけは寿命を延ばすことが出来る。寿命に限らず、運命というのがある。人は生まれながらにしてその一生の大半は決定している。配偶者との縁の有無やどういう相手かも分かる。しかし、鋳型にはめるようにピッタリ同じなわけではない。あくまで鋳型の中でかなりの遊びがあるということだ。それは常時、人のエネルギーは変化し続けているからである。それは一つの普遍性である。何一つ完全なる固定化などというものは存在しない。すべては常に可能性の中にあるのだ。この可能性を無視して運命云々を語ることは出来ない。

それでも、人生の節目節目に起こるイベントや事件は、すでに前生から決定されてきたというべきものである。唐突にいま「前生」のことを述べたが、この精神世界に生きる人たちにとっては、常識の概念なので、ここで述べる必要はないのかも知れないが、そういう人でもまったく理解できていないことがある

ので、一言述べることにしよう。

霊と魂の違い

魂という字は鬼という文字から出来ているように悪い意味のものであり、魂魄《こんぱく》という言葉もあるが共に消えていくものである。魄は人間の時に身に付いた諸々の臭いだと思っておくと分かりやすい。死後四十九日で消えていくものだ。遅い人はそれ以上、百日以上もかかる人もいる。魂魄は最初、幽界と呼ばれる肉体がない状態のこの世の中にいて、魄が消え去ると、魂は幽界から第一霊界に入る。

そこで、魂が持っているこの世のクセや嗜好や偏見や臭いが消失するまで、この第一霊界で何らかの修行をさせられる。基本的にはその場所にジッといる感じではあるが、見せかけ上の先祖などの導きを通してだんだんと浄まっていくことになる。そして、普通の人で三年、遅い人で十五年あるいはそれ以上かかって人間だった時の記憶を薄め、執着を消し去っていくことになる。それが済んだ時点で魂は消え失せ霊《たましい》が内側から現われる。そして第二霊界に入ることになる。

唐突な話で付いて来れない人もあるだろうが、そういう人は気にしなくていい。そんな死後の世界もあるのかも知れないけど?? ?と思ってて構わない。そんなことよりも、いまの君の問題が重要だからだ。

そこで、どうやって死ぬのか、ということもどこかで考えておく必要がある。出来るならば病院での死は避けた方がいいからである。絶対ダメとは言わないが、出来るだけ自宅で死んだほうがいい。その後の精神の安定が全然違うからである。ただし、神経が図太いタイプはまったく関係ない。

幽体離脱

幽体離脱という言葉がある。近年は臨死体験という言葉が主流になってきているが、別にどちらでも構わない。この幽体離脱は訓練で出来るようになる。その詳細をここで述べることは危険なため出来ないが、素養がある人はすぐに出来るようになる。ただし、自己暗示にかかりやすい人や過敏性の人のそれは、そのほとんどが似非《えせ》体験のことが多いので注意を要する。本人は嘘を吐いている訳ではないのだが、本人の思い込みの場合が大半である。また、金縛りという現象と混同している人もいるが、こういう人も注意を要する。

こういった、一見そう見えてそうでないものを排除しながら、自分の肉体から自分が抜け出す訓練をするのである。基本的には自分が肉体から浮上していくのをイメージしていくのだが、そこにはちょっとしたコツがある。そうして何回も訓練していると、ある時、自分の体が浮いていることに気付くようになる。しかし、強く意識するとその瞬間に一瞬にして肉体に戻るので、ここの所が一番むずかしいところである。しかも、戻った瞬間の心臓への負担が尋常でなく激しく、心臓が壊れるのではないかという恐怖心すら出てくるので、これを克服しながらのトレーニングとなる。

こうして幽体離脱が出来るようになると、今度は次の課題が出現する。何と天井にぶつかって、それ以上、上に行くことが出来ないのである。霊体になっているのだから関係ないと理性が思っても、人間としての意識すなわち壁や天井を通り抜けられないという強い常識が邪魔して、部屋から外に出ることが出来ないのだ。これは経験者でないと分からないだろうが、滑稽なくらい「常識」の壁は凄い存在となって君を阻止することになる。

しかし、ここで一つだけ明瞭に自覚できることがある。人間には霊魂が有るということである。肉体は浮いている自分の下で死んだように眠っているのだ。と言って、これもすぐに見ることは出来ない。なぜなら、肉体からの離脱はまっすぐ上に向かうので、自分の眼差しは天井にしか向いていないのである。こんなことを言うと、左右を見ればいいじゃないか、霊なら自由だし、と言う人がいるのだが、それは経験したことがない人の意見である。

実際には、眼は真上に向いていて、脇はかすかにしか見ることが出来ない。これを何度も繰り返していくうちに下も見れるようになり、初めて自分の肉体を見ることになり、改めて驚く体験をする。するとその瞬間にまた肉体に急激に戻され、心臓がバクバクし始めて死ぬのかと思うほどに鼓動が激しく、しばらくその状態を静めることに精一杯ということになる。

この様に、誰でも訓練で幽体離脱は出来るようになる。ただし、いま述べたように死ぬ危険性があるので誰でも彼でもがやることはお勧めしない。心臓の強い人だけに限っておくべきだろう。

抜け道

さて、もう一度、人間向上の話に戻ろう。君は、日常心に発生する「葛藤」の克服に専念することが霊性向上の第一だということが分かった。結局、人というのはこれら障害を乗り越えることでしか自分を向上させることが出来ないのである。その意味ではどんな困難だって君をビッグにしていくのだ。葛藤がなく真っ直ぐの困難だってある。人がこの世に存在していることは正にそれである。何の葛藤とも思惑とも関係なくそれは現前している。この様な宿命的定めについてはアッサリ諦めるしかない。諦めるとはそれを全肯定するということだ。決して自分に負けたことではない。止揚を試みる状態であるのだ。この場合の止揚とは、如何ともし難い〝現実〟は変えようがないのであるから、そのままの状態で受け入れることにするというものだ。その前提の上で自分らしくいかに生きられるかを考えてみることである。

世の中には現実に対してずっと不満を言っている人がいるが、それは誤りだ。現実はどこかで無条件で受け入れるしかないのである。それが出来た上で、さらなる自己探究の展開が求められるのだ。すなわち、それ以外のより現実的な生々しい葛藤の克服である。それは人間が日常と呼んでいる次元の克服を意味する。すると、次のステージと縁の有る人物や出来事が待っていたとばかりに顕われ出てくるのである。決して前の次元より困難が減ることはない。

この繰り返しの中で一つ利用できるものが有るとすれば、自分にとっての有益な友である。人は一人では生きていけない。人は生まれ出た時から真実を見ることが出来ない状態にある。しかし、この迷いの世界からの抜け道は必ず存在するのだ。

その抜け道さえ発見すれば、あとは時間の問題でこの世の困難を克服できるようになる。そのためには良き友人は役に立つ。同じ志向を持つ者同士なら、常に同じ課題を論じることが出来、また自分が現実からの眠りに陥った時に、注意喚起をしてくれる役を果たしてくれるからだ。

そういうことはいろいろな場面で実は起きる。たとえばそれは映画を観ている時だ。君の心の琴線《きんせん》に触れる内容や映像やセリフと出遇ったとたんに、一気に真理への思いが強くなることがある。これなどは友人とは別のスクリーンの友だ。ちょっとした空間の中で、たとえば渋谷のスクランブル交差点の真ん中で「人」の真実に気付いた気がしたりすることがある。その瞬間、君は違う次元の中に入り込み、周囲の人たちとは違う新たな地平を見ているのだ。いつもの同じ光景がいつもとはまったく違うものに見えるのは不思議な体験である。そういう体験は誰しもにある。その人なりのステージが上がったときである。もちろん下がるケースだってある。

ある朝の超越体験

それは十七歳の朝のことであった。休みの日、いつものように起きるとすぐに庭先に出てみると、その景色がいつもとはまったく違っていることに絶句した。いつもと何も変わらないいつもの景色なのに、何もかもが違っていたのだ。何より自分の頭の中で脳が著しい変化を生じさせていることが自覚されたのである。それは恰もガチャガチャと音を立てる様な勢いで脳を組み換えていっているという感じであった。いつもと変わらない風景が秒単位以下のスピードで変化し続けているのが感じられた。それは色が変わるわけでも音がするわけでも匂いがしてくるわけでもなかったが、明らかな何かが輝くような感動をもって自身を襲っていた。

十歳になった時、自分が九歳までの自分とまったく違う意識になったことを自覚した体験がある。九歳までの自分は無思考なただの反応するオモチャのような存在だった。その意味では犬と大差なかった。単に喜怒哀楽だけに反応するだけの存在だった。ところが十歳になったとたん、その感情に主体的意識が誕生したのである。その時、初めて自分を意識することが出来た。それは実に新鮮で感動的な瞬間であった。既述しているように、それは脳が十歳でほぼおとなと同じレベルに発達することと関係していたことに長じて知ることとなった。その意味では、この体験は他にも多くの人がしているものと思われる。

ところが、この十七歳の時の体験はまったく異質だった。感動のレベルも比較にならなかった。それは十五歳から毎日続けていた瞑想が大きな役割を演じていたと感じていた。十六歳の時には仏陀がされたと同じ魂の在り場所を求めて、爪先から頭のてっぺんまで意識を移動させ徹底した集中を試み、遂にその場所を発見し、それ以降の瞑想は一気に深いものとなった。その場所は大脳の第三脳室辺りに見出された。古代インドにあってそれは松果体とされてきたことを思えば、もしかすると両者の見解は実際には同じものを指しているのかも知れない。単純な話、松果体を切除しても人間が死なないことを思えば、筆者の方がより正しい位置を示せているかも知れない。

そうやって瞑想を続けていた青年期、この霊性の場を見出したことにより深い体験をするようになっていた。その劇的瞬間はこの十七歳の十一月の出来事であった。それはいかなる体験よりも優れたものであり、存在そのものを意味するものであった。脳は信じられないスピードで進化し続け、意識も刹那の速さで上昇していっているのが分かった。その場に立ちすくみ茫然とした状態のまま、しかし心は歓喜に満ち溢れていた。その感激は全身から地面にこぼれ落ち、宙に放出され続けた。溢れんばかりに輝く微細な歓喜の粒子が庭一杯に満ちていたのを覚えている。見渡す限りの景色が輝き共に喜んでくれているのを感じていた。

その時も脳はずっと音を立てんばかりに変化し続けていて、そのうち後頭部が隆起していくのが分かった。そこに一時間ほどいただろうか…。家族の邪魔が入り自室に戻ったのだが、その状態は延々と続いたのである。朝のその時から思うと昼にはもう別の自分へと成長し、夕方にはすっかり別人へと成長している自分がいた。それは当時の感覚で三年に相当した。老人なら十年分かそれ以上かも知れない。それはまっ

たくとどまることを知らず、延々続いたのである。夜寝てもそれは続き、これが始まった十一月から十二月の二カ月間は考えられない次元世界の中にいたことになる。それからは一カ月措《お》きぐらいの間隔で波のような感じで翌年の夏まで続いた。その時、それまで理解することが出来なかった「神」について、一瞬にしてその概容を把握することになった。その時より「神」について確信を持って語れるようになった。

それまでは神とは何かまったく理解できなかった。もちろんキリスト教や神道的な神の概念は知識としては知っているのだが、この時初めて体得したのである。智慧（叡智）とは体得するものであって決して知識ではないことをこの事がよく示している。

脳の介在

この後にも次々と訪れた神秘体験は、また機会があったら君に語ろう。君も優秀な青年だから少しきちが集中さえ出来れば、人智を超えた不思議な世界を体験することは可能だ。それは一つには脳が関わっていることが君にも理解してもらえたと思う。筆者は自身の体験を通し、この肉体上の神秘体験にはやはり脳が大きく関わっているという実感がある。もちろん脳に主体を置いてしまうと霊の存在が無視されることになってしまうから注意をする必要はある。つまり、生きて体験するとは脳が大きく介在するけれども、それを衝き動かしているのは、その奥に在する霊であるのだ、ということである。

人間の意識は脳に依存している。その意識は一般に「ことば」に代用されることが多いが、決してそれは正しいことではない。筆者は言葉を喋るのが遅く三歳に入ってからであった。そのため母親は、唖《おし》ではないかと大変心配したらしいが、幸い少しずつ話し出したという。ところが、本人の記憶や意識はもっと明瞭としていて、筆者は母乳を飲んでいたことを覚えており、死の自覚も三歳の時には明確にあった。その辺りの光景は筆者の中でありありとした事実として刻印されているので、まったく疑う余地がない。因みに、三島由紀夫は産道から出てきた記憶があるといい、アインシュタインは五歳まで喋らなかったという。二人には完全に負けている。

この中で言葉という意識以前に意識そのものが存在していたことを自覚している。それを生理学者は脳の活動に如《し》かずというが、ノーベル物理学賞を二〇二〇年にとったロジャー・ペンローズたちも言うようにそれは誤りである。明らかに脳とは別にその奥に主人たる霊が存在する。しかしこの世は、肉体の世界である。それ故に、肉体の機能を介してしか意識が表面に出てこない仕組みとなっているのだ。そのため人間の目には脳の活動としか映らないのである。

だがそうでないことは確かだ。少しの筆者の体験談からもそれは君に理解してもらえていると思う。人の意識はそんな単純なものではない。そのことを君が把握してくれたなら、これ以上の喜びはない。君はきっと素晴らしい青年に違いない。

再びと旅に出る

蒼い風を受ける時

君のいる場所が変わったようだ。また新しい風が微《かす》かな漂いを見せ始めたようだ。君は新たな地平を見ているようだね。そこがどこか君に分かるだろうか。そうやって君は、同じ所を巡ってきた。その風もどこかで嗅いだことのある匂いを運んでいる。君の意識はいまと昔とそして未来を想像しながら、こちらにもそこにもあちらにも意識が飛び、そのどれでもない自分がいるだろう。それがこの世での君の姿だ。

笑ったら相手も笑い返してくる。拒絶すると相手も拒絶してくる。優しく接する者は皆から愛される。しかし、黙って去っていく者もいる。彼は孤独に生きている者だ。何かが自分に不足していることを感じて、どこかにそれを埋めてくれるピースを捜している者だ。少し気になる存在だ。

幼い時、君は光に魅了されたことはないか。少し暗い所で、外から部屋の中に差し込んでくる優しい光のことを覚えていないか。その光は空中の微かなチリを輝かせながら四角く切り取られて、その部屋の中に注いでいただろう。その光はいつも流れていて、暗さの中にその存在を明らかにしようとしていた。それは君の存在証明だったかも知れない。君がそこに居ることを教えてくれていたのかも知れない。母胎の中の混沌とした空間の中で感じていた居心地の良さと窮屈さのようだ。そこには未来への不安と希望があった。

どこかで見た光、そして風、草原の青、森の緑、水面の葆光《ほうこう》、君の心を捉えて離さないものがある。それらはすべて君の記憶だ。遠い遠い君の記憶だ。どうして君がそこに立っているのか、ふと何かに触れたように感じたことはないだろうか。

「何か」

君の心の奥に想い出す「何か」を捜して君は旅をし続けているのだ。果てしない旅をね。その旅の途中でいま、またあの懐かしい風を受けている。あの時の匂いを想い出しながら、心が穏やかになるあの薫りのことだ。草花だけじゃない。磯の薫りもそうだ。早朝のあのしっとりした薫りも良かった。台所から流れてくる美味しそうな母の食事の匂いもそうだ。工場《こうば》の油の匂いもだ。すべてが懐かしい匂いだ。君がいまいる場所はいつも君がループする場所だ。そこをいつも通過しながら君は過去と未来を往来している。

その時、いつも嗅ぐ匂いだ。どこか懐かしくそれでいて物悲しい薫りだ。遙か彼方まで君を運んでいくその薫りこそが君の居場所なのかも知れない。いまもその場所に君は立ち戻り「何か」に触れている。その「何か」は君の心を捉えて離すことがない。いつも君の味方だ。君を静め君を安らげ、君を救い上げてくれる力を持っている。しかしそれがどこにあるのか、いまの君には分からない。いつも探しているのに、いつも感じているのに、それがどこにあるのか、分からない…。

光も風も君の心の中のものだ。すべては君の心の中にある。君の心から飛び出してきたものを君はいつも見ているだけだ。あの青空も君の心でしかない。すべては幻想としての君自身の姿だ。なぜこれ程までに心が惹かれるのだろう。なぜ、これ程までに心が悲しいのだろう。なぜこれ程までに求めているのだろう。それは君の心が純粋だからだ。

人間は誰もが歳をとる。それは社会との妥協と対立とズル賢さを学ばせる。その結果失うのがこの純粋性だ。君にはまだこれがある。君が社会に毒されていない証しだ。これから社会に出てもこれだけは失ってはいけない。君がこの世で一番大事にしなくてはならない宝だ。これ以上の宝はない。有名になることじゃない。金持ちになることでもない。優秀になることでもない。一番大切なものはこの純性だ。おとなはそんなこと言うと青いと言うが、青さが渋さに変わる者ならこの純性を失うことはない。いつまでも子どもではいけない。人の世は、おとなになることが定められている。

だが、おとなになっても青さを卒業してもこの純性は残る。渋さへとその姿を変えていくのだ。君の純性はこの風の中にある。この風に吹かれている限り、君はいつまでも若々しくいつまでも正しい人だ。そして君にはあの「何か」を感受する「力」がある。

ヴィジョン

「あの時」のことを想い出すことはあるか。「あの時」のことだ。君が独りで淋しそうにしていた「あのとき」のことだ。君の心に去来していた風は、時に君を独り悲しみに沈ませることがあった。それは辛い想い出だ。しかし、その時に君の中に純性が芽吹いたことに気付かなかったようだね。君はあの時に内在する純性を肉体に顕《あら》わしたのだ。あの悲しみがなかったら、君はいまこの不思議の風を受けることは出来なかった。

この世は幻だ。そんなこと言われても現実じゃないか、と君は言い返すかも知れない。しかし、この世は幻なんだよ。君の眼には現実にしか映らないこの世のすべてが君が創り出した幻なんだ。だから、その気になればこの幻の世界から脱出することが出来る。

と言っても、そう簡単なものじゃない。君はまだしばらくはこの幻の中で生きるしかない。この幻は本

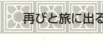

物でないとはいえ、君に思いもしない沢山のことを教えてくれる。その教えを正しく受け止めるためには、さっきの純性がなくてはならない。だから君は悲しい想いを経験しているのだ。あれがなかったら、いま君はここに立っていないだろう。

この幻の世界は夢と同じだ。眠りに就いた君は不思議な夢を見るだろう。その中には君の希望や意欲がヴィジョンとして現われるだけでなく、不安や恐怖も現われてくる。そして怖い夢を見たときには、そこでハッとして目覚めるってわけだ。あの夢と同じだ。この幻の世界が君の現実だ。ここで君は多くのことを学ばなくてはならない。余りに多すぎて複雑すぎて、おとなになるにつけ君は人生に嫌気がさしていくかも知れない。だからこそ君には純性が宿り、君の旅を後押ししてくれているのだ。

人生で学ぶことは一つだ。もう忘れてはいないだろう? 例の葛藤だ。人生はこの葛藤と出遇うために存在するのである。幻想《ヴィジョン》の中で君がどの選択をするかのゲームだ。君はこの壮大なゲームの世界にいま立っているのだ。いま君の眼に映る景色はどんな世界だろう。戦い、迷い、諦め、絶望、希望、安穏、何かに夢中になっているかも知れない。若い時は広く浅く沢山の教養を身に付け、知らない世界を見て歩くことだ。世界一周してくるなんて最高の勉強だ。そこには葛藤以外の何ものもない厳しい世界がある。その事実を知るだけでも充分な価値ある旅行となる。

しかし、もっと大切な気付きがあることを君は知っているね。それは「何か」が隠れていることだ。幻《ヴィ》想《ジョン》のどこかに「何か」が隠されていることだ。「何か」とは何かわかっているだろう。それは、何度も言ってきた智慧、叡智だ。君はこの〈叡智〉と出遇うためにこの世界を旅しているのだ。そのことを絶対に忘れてはいけない。どんなに人生が苦しくとも逃げたくなっても、このことだけは忘れてはいけない。その苦しみの奥に〈叡智〉が隠されていることに気付かねばならない。

それを君に教えてくれているのが風だ。君の髪をなびかせ身体にまとわり流れていくあの風だ。常に君のそばから離れることなく、君のそばを漂い続けている〈流れ〉だ。それが君の心には風となって映像化されてくる。それは叡智の流れのことだ。だからその風に吹かれるといい。〈真実〉の流れへと辿り着けるかも知れない。

なぜ人は誰もその事に触れないのか。否、信仰の世界にはそれがあったかも知れない。しかし、信仰は狭い世界に陥り、それより外を見せてはくれなかった。哲学もその周辺をまわっているだけで核心に到ろうとしてこなかった。科学はどんどん遠ざかるばかりだ。日常に埋没し欲にまみれ自己中に陥った連中は、こんな事、端《はな》から相手にはしない。疾《と》うの昔に純性を失ったからだ。彼らからは欲と金と暴力と酒臭さしか臭ってこない。そんなのと付き合っている暇は君にはない。

「憧れ」

鳥がなんで飛んでいるか君は知っているか？　それは人間に飛べることを教えるためだ。人類は鳥が空を飛ぶのを見て、その心の奥に飛翔の夢を抱き続けた。それは遺伝子の中に刻まれ、そして、遂に凧《たこ》を使って宙に浮かぶようになり、グライダーを発明し、二十世紀にはエンジン付きの飛行機を開発した。そしていまや鳥などまったく及びもしないロケットで宇宙へ飛び出すまでになった。しかし、すべては鳥が空を悠然と舞う姿から始まっている。大昔の人類がその姿にどれ程の憧れを抱いたか、現代人には想像もつかないだろう。

「憧れ」は人を成長させる。君にも憧れはあるか？　どんなことでもいい。どんな人でもいい。その憧れの対象がある者は人生を豊かにすることが出来る。憧れこそが人に勇気を与え、希望を追い求めさせるのだ。それは、どんな所にもあった。自分の父親や母親だったり、颯爽と世界を飛び回っているおじさんやおばさんだったり、映画やゲームのスターだったり、歴史の人物だったり、人の憧れはあらゆる場面で現われてきてくれる。しかし、大半の人はおとなになることでその憧れをすっかり忘れてしまうのだ。残念なことだ。

しかし、その憧れをずっと持ち続ける人もいる。車のフォードやディズニーやパナソニックの松下幸之助やバイクの本田宗一郎やアップルのスティーブ・ジョブズら世界の一大企業を創り上げた立志伝中の人の大半はこの憧れを最後まで持ち続けた人たちである。彼らにはそれぞれの憧れが存在し、子ども時代からその様に自分もなりたいと思った。そしてその思いをやり徹した人たちであるのだ。彼らの偉大さは実に万民の誇りでもある。だからといって君にも創業者になれと言っているわけではない。彼らは彼らだ。彼らには彼らの生き方がある。しかし、君には君の生き方がある。それでいい。

君の心に去来するものは彼らの憧れとは違うだろう。君のは彼らの憧れよりさらに難しい課題である。

君はそれに向かおうとしている。それはかなりの難問だ。だって創業者たちはこの幻想《ヴィジョン》の勝者だが、君はその幻想から脱出しようとしているのだから並大抵のことではない。その言葉すら当てはまらない。それ程の難儀と向き合っているのだ。それを解決するためには、この世界に多くの鍵が預けられている。その鍵を見つけ出すことから始めればいい。

それは昔は祈りであり宗教であり天文であり占星学であった。今は心理学や哲学がそれに代わろうとしているが、どれもこれもうまくいかない。人々はヘンに賢くなり純朴さを失い、それらの話を素直に聞けなくなったからだ。だからピースが埋まらないのだ。

智慧の風が吹くとき

そんな彼らにも風が微かな薫りと共に近付き、「何か」を伝えていくのだ。まだわずかな純性素朴さを有する者はそこで立ち戻り、人生の何たるかを考え始めるのだ。そんな人は人生の黄昏《たそがれ》を迎える頃、六十歳を過ぎてから漸く気付き出す。そして必ずこう思う。「アー　もっと早くこの事に気付くべきだった!」と後悔する。そして「若い時にこの事を知っていたら自分の人生はもっと幸せだった」と思うのだ。

幸い君は、その若い時に「何か」に気付こうとしている。しかも、ここにその答えまで目にしている。随分と大きな差だ。君に強い意志さえあれば、その「何か」は必ず手に入れることが出来る。「何か」とは叡智だとすでに述べているが、叡智との出遇いとなるとまた別問題だ。それには極めて大きな課題が付いてまわるからだ。でもその事について語るのは、いまは止めておこう。いまの君には却ってマイナスだからだ。

「叡智」の前段階である「智慧」の獲得について述べよう。それは自然と触れることだ。大自然に必ずしもこだわる必要はない。特に幼い時は小さな自然で充分だ。家先の庭だって立派な自然だ。その中で草花を見、嗅ぎ、触れ、育てる体験をすれば大きな気付きに出遇える。さらにそこに小さな虫たちの世界があることに気付けば、もっと大きな智慧と出遇うはずだ。いまどきは虫を毛嫌いする愚かな母親が増えたために、子どもたちの世界を狭めてしまい、この様な自然と触れ合うことがまったく出来なくなってしまった。それは正しいことではない。親が偏見さえ持っていなければ、子はスクスクと大自然に抱かれて大きく育っていくものだ。そして何らかの智慧を身に付けたに違いない。

しかし、誰しもに風は吹いてくる。嵐もやってくる。皆、台風を悪い物のように言うが、台風は多くの気付きを人類に与えるものだ。大洪水もそうだ。多くの人の命を代償に多くの教えを示していることに気付かなくてはならない。その自然の脅威はその中に常に真理を垣間見せている。それこそが智慧であるのだ。そして、その智慧を通して人は叡智へと向かうことになるのである。だが残念な事実がある。歴史を見れば分かるが、その様な人物はそう多くないということだ。

しかしこれにも救いがある。無知だと思われていた百姓や漁師たちは自然の怖さと恵みの原理を知り、その天候の運行を知っていたということである。彼らはその中に自然に対する畏怖の念を持った。それは現代人には非科学的認識と映るが、そうではない。現代人が失ってしまった知的素朴さが、この大自然の恐ろしさを通して、その厳しき定めの有ることを敏感に感受していたことを意味するのだ。そして百姓らは支配者の貴族や士族たちよりも天理を把握し、その本質を常に垣間見ていたのである。

この様な姿にこそ、自然は恵みを与えたのである。しかし、愚かな者たちにはこの恵みは常には与えられず、天理を知る者と知らない者とには差が生じた。貴族や士族の争いが天理に反するために、多くの災いが生じ、それは天候に生きる者たちを苦しめることにもなった。そこに迷信がはびこる原因があった。その中にあっても正しい智慧を知る者はいた。

真っ直ぐに生きよ

それはいまも受け継がれ、そしていま君も、その人類の担い手として智慧を身に付けようとしているのだ。智慧は、厳しい定めの中からしか学ぶことが出来ない。だから、いまの日本のように何もしなくても生きていける国では智慧は失われていく。日本ではいま多くの人が失業し就職難と言われているが、実態は大きく異なっている。仕事場はあり余るだけ存在するのに、誰もそこに行こうとしないだけなのだ。そして、日本人は楽に金を稼げることだけが仕事だと思うようになった。ユーチューバーが社会規範を逸脱していくのもそのことが原因であるのだ。その結果、日本の大半を占める中小企業に人が集まらず、倒産寸前となり、外国人労働者を受け入れる体制がとられるに到ったのである。

それはすべて、日本人が自分の才能とは関係なく、とにかく楽に稼げることばかりを考えるようになったからだ。母親に甘やかされた子ほど、その傾向を示し、自尊心だけは高くなるために汚れる仕事、キツイ仕事、上から命令される仕事には就けなくなった。その結果、労働条件が厳しい仕事に若者が集まらなくなった。人間国宝と言われるような存在ですら後継者に悩んでいる。日本の文化を支えてきた多くの零細企業というより個人経営者の後を継ぐ者は皆無だ。それは日本人が心を失った国民だからである。

そこからは絶対に智慧は生じない。この智慧の獲得こそが人生の目的だというのに安楽に金を稼ぐことだけに人の心は動き、テレビもお笑い芸人だらけの、まだ上品なのはいいが下品極まりないのが画面いっぱいに出てくるようになった。その様な社会に智慧は生まれない。科学者の努力により文明の機器だけは蔓延していくが、智慧や叡智は顧みられることがなくなったのである。

君だけはそうであってはならない。美しき純性を失ってはならない。たとえ周囲からバカにされるようなことがあっても、自信をもって君の美しさを真っ直ぐに示せ。他者に嫌われることを恐れてはいけない。嫌われる勇気は君の人生を力強く支えてくれるだろう。たとえ世の大半が君を理解できなかったとしても、君の純粋な思いの方が正しいことを天は知っているのだ。そのことを決して忘れてはならない。

そこはいつか通る道。君が吹かれるその風は、その道標として君が必要な時に顕われて君を支えるだろう。だから君は迷うことはない。いずれその迷いの謎は解かれるからだ。その鍵もきっとすぐに手に入る。君にはその力があるからだ。すでに智慧も芽吹いている。自分の人生を疑うことがあってはならない。そして、その中から多くを学び、そしてこの幻想《ヴィジョン》から抜け出るのだ。

第二章

円環《ループ》

輪廻転生

霊《たましい》を語るとき、それは輪廻を抜きに説明することは出来ない。世界哲学の根源と言ってもいいインド哲学において輪廻は必須ワードである。そこから誕生した仏教の基本もこの輪廻にあり、この輪廻から超脱していることを説くものだ。ブッダの厳しい修行もその後の苦楽の二行を否定し真っ直ぐの道を説かれた中道も、すべてはこの輪廻すなわち「円環」する宇宙原理からの超脱を意味した。

そして今や宇宙物理学においても、この円環が語られるようになってきた。すなわち、ノーベル賞を二〇二〇年にとった数学者のロジャー・ペンローズは、宇宙の初めと終わりは光に満ち、量子空間の中で再びと新たな宇宙へと発展する、というのである。その原初の泡のような量子の世界では、前宇宙の記憶が保持され、それに触れることが出来たならば、前文明の智慧を手に入れることが出来るのではないかと語っている。

それは、古代の文明から全世界で語られてきたことでもある。ギリシャにおいては、かのプラトンがこの円環について詳しく語っており、一万年という単位の中で人類は繰り返し同じ体験を行なっていることを述べている。その内容は、地中海に面する国々でも語られ、またインド・イランにおいても同様に語られてきた。このわれわれの生は、果たして何回目になるのかは目が回る程の記憶となる。誰もそれを知る者はいない。

だが、確かな記憶がある。君を導くあの風である。あの風に当たったとき、君は遠い世界を垣間見せられる。その心のどこかで「何か」を感じさせられる。いまの次元から過去の何世代も前まで呼び覚まされるときもある。こうして人は、微かな記憶と共に〈いま〉に生きているのだ。いまは常に〈いま〉の中にある。その〈いま〉は君が作り出した〈時〉のことだ。君が見ている空間である。その〈いま〉が君を翻弄しているのだ。君はその真実を知ることが出来ないでいる。しかし、深遠な「何か」を感じている！

流れる夢たち

こんな想起《ヴィジョン》が出てくることはないだろうか。貧しい中で一族が助けあい生き抜いている姿や信仰の中で清貧に生きる人たちの姿だ。また、激しい戦さの中で必死に生き抜いている姿である。全身に傷を負い、命懸けの戦闘をやっていた記憶だ。ムキになっていた様《さま》に驚いたことはないか。滴《したた》り落ちる血を押さえながら戦い続けたあの時のことだ。そして遂に、敵にやられ力尽きて果てたあの時の記憶である。この世でのし上がろうと駆け抜けた怒涛の青春だった。死ぬのは怖くなかった。それよりも、策謀や飢えて死ぬ方が怖かった。

それは家族皆が死ぬことを意味していたからだ。だから少しでも出世したくてケンカに自信のあったヤツは戦場へ出て百人隊長を夢見たものだ。日が沈む時、頬を風が伝わった瞬間にその想起《ヴィジョン》が起こった。辛い時代だった。何もかもが惨めな日々だった。誰も彼もが哀れな人生を送っていた。しかし、誰一人泣き言を言うヤツなんかいなかった。そんな余裕など誰にもなかったからだ。人の死はいまどきのペットほどにも悲しまれなかった。それが人生だったからだ。誰もが同じだったから、誰もその悲しみに負ける者などはいなかったのだ。支配者と戦っていたヤツもいる。

そんな時代にも凪は一瞬の時を垣間見せた。自分の死がどこかで通り過ぎた一コマとして目に映ったことがあった。真面目に生きた姿が浮かんでくる時はいつも厳しい現実と共にあった。生きるために闘い、守るために努力し、死ぬために清廉であろうとした。

そんな時代の光は、昼は激しく夜は優しかった。夜のその時だけが一日の安らぎだった。月光を見てその丸く輝く姿に癒やされたものだ。淡い明かりが辺りに満ちて闇を照らし、光が幽《かす》かな闇を通して黄泉《よみ》の世界を映し出していたものだ。生と死の迫間《はざま》に生きる者には黄泉はすぐそこにあり、幽玄がいつもその心を癒やす役割を果たした。幽玄は陽に陰に森を包み、人々と先祖を結んでいた。君が幼い時に見た窓越しに暗い部屋に射し込んできた一条の光こそが、幽玄への誘《いざな》いだった。君はこの世に生きながら、その幽玄の中にも生きることがあった。

明るい歌声が聞こえてくることもある。随分と肌を隠し髪の毛も隠して草原で遊んでいる時代の光景だ。

風に吹かれる君の姿は、若々しくエネルギーに満ちていて美しい。微笑みと共に鋭い視線を遠い彼方へ向けていたのが昨日のことのようだ。小川の水を掬《すく》い飲む光景もいまと変わらない。汗をかき働いている姿も何もかもが、現代と何も変わってはいない。ただ一つ、いまは豊かになった。昔は貧しく馬車馬のように働かされた。

道を求めて旅をした者もいる。ヘレニズムの風を受けて多くの哲学と出遇い、多くの知恵を身に付けたときもあった。竹林の中で瞑想し智慧を学び論客となり、その智慧を借りたいと招かれ食客《しょっかく》となったこともある。貧しかった時代の家族との団欒《だんらん》はいまの時代よりも心が通じ合っていたものだ。互いに支え合い、必死で生きていた時代だ。その合間合間に祭りや休みの時があり、数少ないハレを味わう楽しさは格別だった。信仰のために命を落としたこともある。風は人の心の中にスッと入り込み、一瞬にして出ていくのだ。君の脳裏に「何か」が感じられたときには、それはもう通り過ぎているものだ。その残《のこ》り香《か》が君の記憶を呼び覚まし「何か」を想い出させるのだ。

円環《ループ》する世界

それは君の遠い遠い遠い過去の記憶だ。君の好きな人ともそんな時代に巡り会っていた。そして今生で再びと出逢い心惹かれることになった。すべては円環している。何もかもが一つの流れを継続しながら円を描いて循環しているのだ。螺旋の様に重なるかの様に、下から上へ上から下へと果てしない繰り返しを続けているのだ。われわれはその中にいる。だから記憶がいくつものヴィジョンを君に見せてくるのだ。風の記憶と共に…。戦さで死んだ者などは、いまの生身に傷が残っていたり痛みが継続されることもある。霊の記憶の伝播《でんぱ》が見られるのだ。

よく見るといい。君の家族だけではない。隣の家も、その向こうも、ずっと先の家だって、その先祖が死んでいない家なんて一軒もないんだ。どこの家系だって子孫によって受け継がれているのであって、その子孫もどれだけの差があるだろうか。君と親との差など無いに等しい。どんなに君が親より優秀だったとしても大差はない。学校の授業にまったくついていけなかった夫婦からIQが一五〇の子が生まれたとしても、それはトンビとタカの差でしかない。トンビがジェット機になることはないのだ。

それぞれの家庭を見るといい。皆大差ない人生を歩んでいる。泣き笑い、喜び怒り…と何も変わらない。少しのそのバランスの違いでしかないのだ。親は子を愛し、子は親を思う。その原理は何も変わらない。人は皆、同じ人生を歩んでいるのだ！

大統領になる人間とホームレスになる人間の差など無いに等しい。二人とも、自分が生きたい様に生きただけに過ぎない。歴史に名が残ろうが残るまいが、愚者という一点において凡夫という迷いの徒において何一つ変わらないのである。大統領より超越したホームレスの方が、まだ真理に近い生き方をしているかも知れない。生きているとはそういうことであるのだ。

そして、多かれ少なかれ皆、病に罹《かか》りそして死んでいくのである。誰と結婚したかなどまったく問題にならない出来事だ。そんなものは弱い人間にとってのほんの少しの支えになるだけで、それ以上のものにはならない。ましてや真実を求めようとしたときには却って邪魔となる存在である。

よく見るといい。誰一人として悩まない者はいない。誰一人として努力しない者はいない。誰一人として恋をしない者はいない。誰一人として孤独を味わわない者はいない。誰一人として眠らない者はなく、誰一人として腹の空かない者はいない。誰一人として喜怒哀楽の感情に支配されない者はいないのだ。それぞれの顔は違って見えるが、よく見れば皆同じ顔をしている。人間という顔だ。犬は犬の、猫は猫の、馬は馬の顔をしているだけだ。しかも、人も馬も犬もその行動の基本は同じだ。食べて寝て情を交わすだけだ。何も変わらない。

君も君の親も、親の親も、つまりは君の祖父母も大差がないことに気付けるだろう。時代が違う分の違いがあるだけだ。科学文明の差が豊かさの違いを見せていて、君には随分と違うように映るかも知れないが、そんなものは何一つ違わない。古き者より新しき者の方が必ず新たな文明の利器の恩恵に与《あずか》っているという事実があるだけの話で、何一つ変わらないのだ。感情に差があるように、生き方にもその程度の差があるだけで、感情そのものが存在しない程の差などないのだ。

君も祖父母も…千年前も一万年前も、何も変わらない生を営んできたのだ。食べて寝て性を営んで子孫を残してきただけのことだ。機械のようにそれは行なわれてきた。人はその時々の感情に支配され振り回され、悩み苦しみそして喜びに満ちた一瞬を持つのだ。誰一人その枠からはずれる者はいない。皆同じだ。

これを円環「ループ」と言うのだ。人はこの円環から誰一人逃れることが出来ない。わずかの聖人たちを除いては…。

「長さ」の秘密

つまり、何もかもが繰り返されているだけなのだ。そして、重要な真理を君に伝えよう。それはあらゆる事はすべてが真理に通じているということだ。たとえホームレスの生き方でも病に苦しんでいる生き方でも、傲慢な生き方でもその本質に辿り着くことが出来れば、この宇宙の神秘の一切を知ることが出来るのである。人は生くるべくして生きているのだ。何の意味もなく生きているのではない。しかし、現実の人は何の意味もなく生きているのだ。愚かな生だからだ。だからそこから脱出しなくてはならないのである。

そして重要な神秘の法を伝えよう。

「いかなる事物もその距離は同じである」という神理だ。

喜びと怒りと哀しみと楽しみの長さは同じなのだ。いかなる感情もその長さは皆同じなのである。あらゆる種類の努力もその長さは同じだ。だからあの定まった長さに到達しない限り、その努力は実を結ばないのだ。長さこそが重要な真理であるのだ。人類が大きな誤りを犯したのは、学ぶことの長さを失ってしまったことである。いつの間にか知識と智慧の長さが同じであることを忘れ、知識だけが一番長いと勘違いし、知識だけを積み上げてきたのだ。これが人類の一番深い罪である。いかなる犯罪よりも、戦争の大虐殺よりも比較にならない大きな罪である。

学ぶことも皆同じ長さだ。知識も智慧も技術もすべては同じ長さだ。愚かにも人類はこのことを忘れてしまった。その結果はいずれ訪れることになる亡びだ。もしこれを回避したければ、この長さに気付かなくてはならない。

しかし、科学が異常に進化したいま、これには大きな示唆が表わされていることを知ることが出来たという意味もある。それは同じ長さの知識を一〇〇としたならば、智慧は一〇もない。否それどころか、一ほどしかない。優に百倍もの差がついているようにも見える。それ程、科学は進化した。この宇宙の全体を読み解くまでに到った数式の偉大さには脱帽するしかない。表現を超えた偉大さが数式にはある。

しかし、それは他の学びでも同じ長さで示されることを意味している。すなわち、科学知識の長さはそのまま智慧の長さであることも意味しているからである。知識が宇宙の誕生と死を捉えるまでに到り、多次元宇宙までも理解するようになったのは、その裏に叡智の存在が作用しているからである。しかし、知識は知識だ。それを用いる人間に叡智が宿っていなければ、智慧は生まれない。そして、この科学の長さが人間存在の意味も解き明かすのである。

科学が宇宙の全体を見たのであるならば、智慧もそれを観るということである。すなわち世の中にある智慧の主張たる輪廻や魂の循環も、同じ長さのものとして認める対象となり得るということであるのだ。

月が地球のまわりを回っていて、求心力の引力で地球に落ちてこないのは、宇宙に飛び出そうとする遠心力とのバランスによるものということは、いまや小学生だって知っている。それは言葉だからだ。言葉は誰でも使えるようになり語ることが出来る。しかし言葉にしたからといって、その意味するところを体得しているわけではない。君は「引力」というと体が地面に落ちることで知っているつもりだが、それはそう教え込まれたからそう思っているだけのことだ。誰一人、重力の何たるかは知らないのだ。それは、人間の何たるかを知らないで、自分が人間であることを通して知っているつもりになっているだけのことと同じだ。だが、人類は自分の脳のことすら皆目、分かっていない。脳生理学において語られるようになったことなど高が知れたものだ。人は何も知らないままに知識だけが先行し、その知識が人間を動かしているだけに過ぎないのだ。だからこの知識からAIが作られ、それに意識が誕生することを自覚することなく人類は科学を進化させているのである。そして、気付いた時にはAIが意識を持ち、不要となった人類はAIに亡ぼされるのだ。

知識は誰でもが口にすることが出来る。だから、智慧の言葉もただ知識として学んだ者が自分の野心のために用いることがよくある。彼らは自分の欲望を満たすために巧みな話術で智慧について語るのだが、それは誤りに満ち、人々を愚かな道へと導く。だから注意をしなくてはいけない。

智慧を獲得していない知識だけの人間の言葉には甘い蜜の味がするものだ。彼らは智慧の深さと同時に厳しさを知らない。知っているのは、どうやったら自分の欲を満たし野心を成就させるかという処世術だけだ。だから輪廻を説く者の声には注意をしなくてはならない。無神論者の声と同様に精神世界を声高に主張する者にも注意をしなくてはならないのだ。

彼らの顔をよく見るようにするといい。その様な人物の顔は卑しいものだ。欲に満ちた顔をしている。

AI

そうでない者は優しい顔をしている。優しい顔にはつい心が癒やされ従ってしまうが、注意が必要だ。智慧の道は果てしない彼方を見透す眼を持つ者でなければ理解できない。その様な者は、深い愛と共に厳しい意志を持つ者であり、その顔は静かで畏《おそ》れに満ちているものだ。神への畏れであると同時に彼自身の恐れでもあるのだ。そして、愚か者の無知は犯罪と同じ長さを持つのである。

この様にあらゆるものに有される〈長さ〉が、人類に智慧の深さを示すことにもなっていることに気付かなくてはならない。科学が示したのは叡智から生まれた数式の力によるものである。しかしそれは同時に、智慧の長さを暗示するものでもあったのだ。その科学が宇宙の根源へと到ったことが智慧の泉を表へと顕わし、過去より語られてきた輪廻や円環をも浮き上がらせてきたのである。

この事実から君は真理の眼をその心に持たなくてはならない。そして、君に訪れる風の瞬間に心を集中させ「何か」に近づくことだ。それは、一人静かに行なう瞑想の中なら自分の意志で自由に発生させることが出来る。瞑想の中では風は常に吹き続けているからである。

迷いの時代

この様にして人類はいま新しい時代に入るのだ。新たな科学文明と同時に、魂の時代へと入っていくことになる。そして、君は「魂とは迷いの存在」であることを理解しておかなくてはならない。だから君は、いまは魂のことに心が向いていてはいけない。迷いの中にひたっている暇はないからである。

だからこそ君に正しい智慧についていま語っているのだ。魂は消え失せるものである。そのことはすでに話した。しかしその後に生じる新たな霊《たましい》についてはまだ語っていない。君はそれが永遠のものと思っているが、そうではない。そこには深い原理が働いている。そのことを知らない限り、君は何も知らないのに等しい。

どんなにもっともらしく神理について語ろうとも、それはただのうわ言に過ぎない。その段階ではそれも知識の一部でしかないのだ。自分の覚醒によって導かれた言葉ではないからである。他者に何かを伝えるとは、何らかの言葉を用いるしかない。それは色々あるが、いまの人類にとってはこの文字しか有用性を持つものはない。

だからそのためには文字を学ばなくてはならないのだ。だが、それをすることによって文字は自分の体験思考とは異なる知識を増やし、いつの間にかその他者の知識を自分の知識すなわち智慧だと信じ込み、恰も自分の考えかのように語り出すのだが、それはすべてが勘違いである。自分のものとしている者などただの一人もいないのだ。いるとしたら自分の専門の分野で誰よりも精進努力してその本質を極めた数少ない者だけである。

正しい教師

だから、多くの科学を語る者を信じてはならないように多くの精神世界を語る者を信じてはならない。魂について語っているから興味が有るからといって安易に飛び込んではいけない。正しい道を示せるのは自身に厳しい教師だけである。それは科学も宗教も精神世界も同様である。君もその様な導きの中で正しい道を学ぶことだ。その意味では、その教師が正しい人であるならば誰でもいいのだ。誰しもが公の教育機関で平等に学問を学べるように、道について真理について学ぶことが出来るのである。そのためにも君は素直で優しいだけではなく、厳しい人でなくてはならない。

厳しいとは他者に対してではなく自分自身に対してである。おおよそ、映画スターの様に余りに堂々としている者や、自信満々の者には気をつけるべきである。もし彼らに謙虚な姿勢が見られないならその者は信じるに値しない。堂々として自信に満ちたスピーチは聴衆に感動を与えるものだ。それはその様な反応原理が精神に組み込まれているからである。それはどんなにクズの人間でも、美味なる料理を作ることが出来てそれを食べる者がいた時、食べた者はその料理を美味しい！と喜ぶのと同じである。動物は自分の好みの味を口にすると喜ぶように出来ているからである。

それと同じように、堂々とした喋りは人に感動を与えるという心理原理故に、人は感動するのだ。決してその内容によるのではない。同じ内容のスピーチでも、感情を込めて話したのと機械的に話したのでは、まったく聴き手の反応は異なる。だが、その内容は同じなのである。聴き手の魂が優れていれば、その両方に感動できたはずだが、人は機械には反応が薄い。

この様に人間はロボットであることを改めて理解することが必要だ。君はロボットだ。遺伝子に支配されコントロールされているだけのロボットであることを心に刻むことから、君の人生はスタートするのだ。その事に気付いていない人間はまだ〈人〉のレベルに達していないということになる。彼らはただの人間という種の動物でしかないということだ。

だから善き教師に就いて学ぶ必要がある。その教師が霊について正しく語ることが出来なければ、善き教師ではない。正しい教師は魂と霊の違いを明瞭に語ることが出来る。そして、霊に隠された重大な問題も語ることが出来る。それは霊がいかに存在しないか、というパラドックスである。このことを説明できない教師に就いてはいけない。彼らはただ自分の欲を満たすために話をする者たちである。だから注意をしなくてはならない。

しかし、誰が見ても優しさに満ちている教師は深い次元に到達していなくても魂の幼稚園児や小学生の教師としては適任である。その様な教師なら大いに頑張ってもらいたいとエールを送ろう。人類の大半は無知でしかない。だから天才物理学者でもホーキングの様な還元主義的無神論者となりやすい。ホーキングはその身体の不幸のために神を信じることが出来ずに、物理法則だけの実証主義に陥ってしまっていた。あれだけの頭脳を持っていながら智慧もそれなりに発達していたと思われるのだが、遂にその本質に辿り着くことなく、凡夫の域を出ることがなかった。いかに科学知識を持っていようとも神理に冥《くら》い者のこと

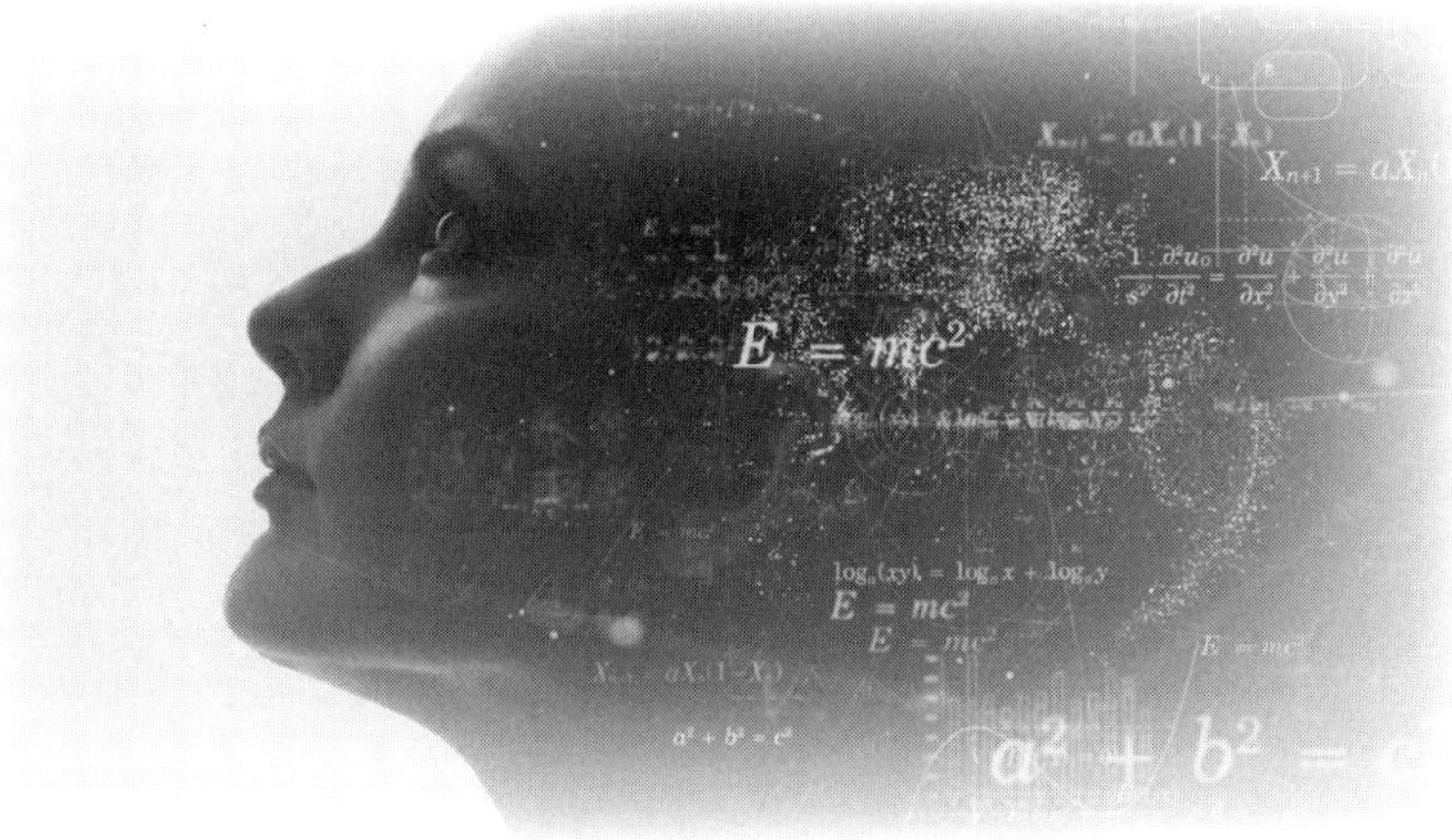
$E = mc^2$
$\log_a(xy) = \log_a x + \log_a y$

を無知というのだ。真実について何も知らないからである。

さらなる秘密

そして、さらなる隠された秘密を君に伝えよう。それは何人かの天才物理学者も気付いていたことだ。いまだ最高の物理学者と呼ばれるアインシュタインと、量子力学を分子生物学や量子脳理論へと導いたシュレーディンガーがその人たちである。

すなわち、彼らの主張は宗教的人格神（創造神）は実在していないということであった。しかし同時にそれは宇宙を創造した創造神は存在するとするものでもあった。すなわち〈理神〉の主張である。つまりキリスト教などで語られる人間と同じような行動をとる神などというのは、人間の創作にすぎず実在しないということである。

この事を明瞭に語れない霊的教師たちは皆ニセ物であるから注意しなくてはならない。それは科学の名のもとに真理に辿り着けていない学者と同じだからである。科学者もこの手の教師も真に優れた本物は極めて稀であることを知っておかなくてはならない。もし、その様な人がいまこの本を手にしているならば、すぐに改心し正しい道を歩むことだ。そうすれば許される。正しい道とは自分の野心などというものを持たぬことである。過酷の修行を経ずして深理を体得せず、ただ自分の感性のままに無責任に誰かの知識を用いて口にしていることを慎むことである。そして、もっと謙虚にその生き様を改めることだ。頭を低く出来るようになれば、その者は成長する。

真っ直ぐの人生を歩め

さて、君はどうやって自分の人生を切り拓けば良いかはすでに知っている。葛藤の克服だったね。ではさらに、「真っ直ぐの人生を歩む人となれ」と伝えよう。真っ直ぐとは嘘を吐かぬ人生のことだ。自分の欲のままに生きぬ生き方である。そして、優しい人であるということだ。優しさとは犠牲となることである。

世の中には優しい言葉を発する人を沢山目にするが、真に優しい人を見ることは極めて珍しい。いないわけではないが少ない。真に優しい人は自分が犠牲になることを為している人だ。自分が代わりに恥を掻き、自分が代わりに痛い目に遭い、自分が代わりに金を出し、自分が代わりに手伝いに行き、自分が率先して働く人だ。そういう人でなければ人生を学ぶことが出来ないし、その様な人でなければ信用してはならない。

君もその様に生きることだ。生きる場所は世界中どこにでもある。君が欲すればどんな情況の中でもそれは実践できる。すべては君次第だ。君の決意がすべてを決定する。君はブッダの様に犠牲を喜ぶ人となることである。そして、毎日の精進を忘れてはいけない。そして、時々はすべてのことを忘れて自分を解放するように！

そうしないとロボットの君が故障を起こすからだ。肉体という機械に住む以上、この原則は絶対に忘れてはいけない。休息しない者は必ずその身を亡ぼすことになる。日本人は休むことを悪いことだと教わってきた。だから休んでいる自分に罪悪感を持つ傾向にある。だが、その様なことはない。六日働いて一日休む。五日働いて二日休むでも大いに結構だ。

オンとオフを明確に使い分けられない人には真理の道も開かれてはこない。その前に体調を壊すからだ。孔子の一番弟子の顔回のように、自分に厳しくあり過ぎると早死する。休みもとらず学び続け裏方に徹し犠牲を誰よりも好んだために、三十代前半で早世している。孔子はその時、声を出して大泣きされたという程に、偉大な弟子であった。

その様にいかに偉大であっても無理をしては身体を壊し大成できない。君もしっかり学び仕事することと、しっかり休息することを正しく心に留めておく必要がある。そうして休んでいると何も知らぬ友から、お前はいつも偉そうなことを言っているが、なんだ、怠けているじゃないか、と言われるかも知れない。しかし、そんなことに心を奪われてはいけない。学び働き、そして休息するのリズムは天理であると知らねばならない。

では、これから、いかに霊が移り行くのか、そのループ〈輪廻〉する状態を説明しよう。

それは母の胎内にいるときから始まり死へと到る道程だと思ってもらえれば、イメージしやすい。この人間モデルを用いて霊の円環にも言及していくものである。それは、渾沌とした胎内羊水の旅から始まることになる。そしてこの世に生を受け、真実の〈自分〉を探す旅へと出立《しゅったつ》する物語である。

若い時は自我の確立のためだけに生き、おとなになってからは、他者と関わるための社会的自我の形成が求められる。そして死を前にして、普遍性に目覚めていくというものである。そこには数々の迷いと葛藤と恐れが現われ、いつ何時、自我の崩壊に襲われるか分からない危険な道のりが待っているのだ。


では、その全体像を左に図化しているので、ざっと流れを理解した上で、いよいよ円環の旅に出よう！

因みにこの図は人の一生を十二段階に分けたもので、およそ三十年をかけて一周するものである。そしてまた①に戻り、⑫まで進んでまた①に戻り、を繰り返すものだ。これは人の成長に合わせて人格が形成されていく過程を指すものだが、そこにはそれぞれの課題が与えられている。それをクリア出来なければ、真に次のステージには進めない仕組みになっているのだ。二～三年毎にそれぞれの段階は移動していくが、当の本人がそのどこかの段階に精神が止まった瞬間から、一切の進化がそこで止まってしまうのである。そのステージのままループが繰り返されることになり、下降の流れへと落ち始めることになる。前に進む者だけに霊的進化が保証されているのだ。そして智慧を見る者だけが飛躍することになる。


さらにこれとは別に大きな霊的ループが存在する。それはまた別の機会に語ろう。

では、この世のループについて語っていくことにする。

解体　他者や社会との関わり　個の確立

解体 ← 社会・集団 ← 他者 ← 身近な他者 ← 自分

①	渾沌期	集合無意識の世界
②	誕生期	新しい人生のスタート
③	才能期	潜在能力の発動
④	学習期	新しい知識の獲得
⑤	統合期	自分の原点への回帰
⑥	解放期	魂の解放
⑦	仕事期	仕事の修得と能力の向上
⑧	結婚期	個人から社会への意識の転換
⑨	成熟期	他者との融合
⑩	哲学期	視野の拡張と精神の広がり
⑪	完成期	社会的願望の達成
⑫	飛躍期	個人的理想への転換
①	死（渾沌期）	引退。隠遁。老死。自他の境界をなくし、集合無意識に戻る。

円環《ループ》①

第1期

渾沌期

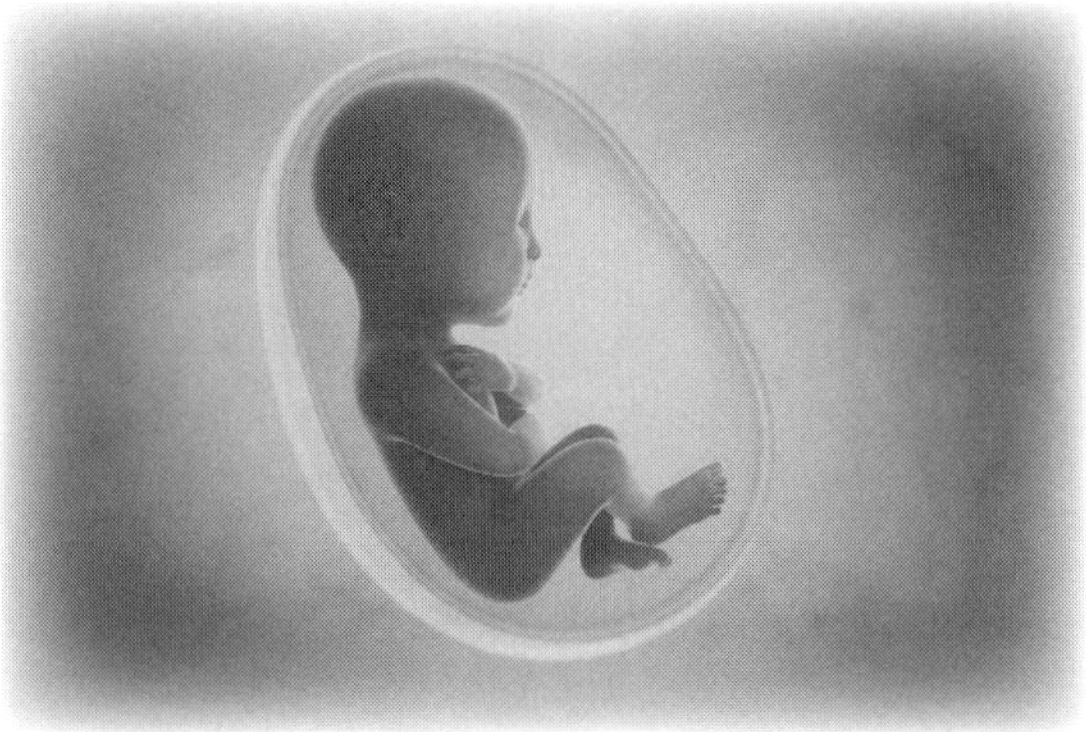

渾沌《こんとん》と光明

若い頃の頭の中は渾沌としている。字的には混沌の方がこの年齢は向いているかも知れない。君の頭の中はあれもこれもで、渋滞中ってところだろう。それでいてスッキリした感もあってエネルギーに満ちた時でもある。かと思うと思春期から抜け出せていない人は昏《くら》い顔をしていたりもする。おとなに比べると人間関係では圧倒的に心が弱い時でもある。それ以外では逆に恐いもの知らずで、何にでも挑戦できるという意味ではおとなより遙かに力強い時だ。

誰しもに混沌の時期がある。それは宇宙が誕生する以前の渾沌と連関した現象である。つまり、それは同時に人の可能性を示唆していることでもある。限りない可能性がそこにはあり、君には真の自由を手に入れる力が内在しているのである。君がこれから何になるかは、すべて君が選択することであり、この渾沌には未来が隠されているのだ。

そこは君のこれまでの体験がすべて閉じ込められた世界である。あらゆる経験の痕跡が次元を超え量子へと形を替えて時間の旅へと出立している所だ。そこに決められた場はない。そこは宇宙空間に漂う惑星の上かも知れない。海辺や山の中や草原かも知れない。ダリの絵の様に歪《ゆが》んだ空間の中にいるかも知れない。そして、そこにいる君は男でも女でもなくただの意識だ。君は君でしかない次元に漂っている。それは一切の形ある世界の死であり、そこから離れた所である。君はその中で過去と現在と未来が渾然一体となった状態で、その中に漂っているのだ。一時《いっとき》の間は、何が何やら分からない状態が続いているように感じるだろう。

それは母の胎内に似ている。狭い空間に無限の広がりを持ち、君は静寂と少しの外からの音に影響を受けながら浮かんでいる。同じリズムで君に響いてくる母の心臓の鼓動が君のリズムを作り出していき、それが後に呼吸となって君を支えるのだ。鼓動は十月《とつき》の間、同じ響きを与え続ける。それはどこかで感じた音でもある。そうそれは、この宇宙が持つ鼓動でもあるのだ。宇宙を支える霊の鼓動がこの全宇宙に振動しているのを君は聴いたことがあるだろうか。

その振動は、全性命の鼓動となり命となって生命に霊を宿らすのだ。そして、次なる性命へと進化する。霊的向上を目指す生命は、性命と別《べつ》されて次のステージを目指すのである。その一時の渾沌を誰しもが経験する。この繰り返される渾沌がなければ、人に進化など生じないことを君は知る必要がある。この渾沌こそがすべての源であるのだ。それはビッグバン宇宙を造り出す直前の段階の姿でもある。あらゆるものがそこに凝縮され、およそ考えられるすべてのものと考えられないすべてのものが混在し溶け合い漂っているのだ。

渾沌とは、その様な世界のことである。この渾沌の時を上手に経ることが出来なかった霊《たましい》は、新たな生をこの地球上に再生させる時、何らかのミスを犯していくことになる。それは、その時になってみなければ分からないが、しかし、その前の生の時にも、君を捉えていた「その事」であることが多い。人は同じミスを繰り返し、また繰り返し、そして死を迎えるのだ。その死は、ミスの積み重ねの中に一つの終止符として現われる。ゲームオーバーの合図である。そしてゲームは、そこから次のステージへと進んでいく。また同じことが始まるのだ。君がどんなに嫌がっても、また同じことが繰り返されるのである。時代とキャラを変えながら、君は君を再びと演じるのである。だからこそ、この時をいかに大切に扱わなければならないかがよく分かる。

秘密の場所

ここは独りだけの秘密の空間でもある。君は秘められた自分だけの世界の中で、新たな自分について考え続けることになる。そのためには、あらゆる価値観をここで否定し、あらゆるしがらみを切り捨て、あらゆる現実を無視しなくてはならない。君の前に見えるのは渾沌。波打つ世界。真っ暗な闇の中だ。深海の底で上も下も右も左も分からない無感覚の世界で独り宙に浮いているような世界である。

この感覚を正しく体験しない者は次のステージに進んだとき、必ず我が儘勝手な自分を演出するようになり、再びと同じ失敗を繰り返すことになる。ここは虚飾がまったく力とならない世界だ。金も権力も名声も知識もここでは何の役にも立たない。ここに在るのは君の霊だけだ。その特性のみがこの世界を支配し、この世界に漂うのだ。あるのは君の精神だけだ。しかし、その精神もだんだんとその姿を変えていき、遂に精神は溶けて無くなったかと思うと、霊が人自身として出現するのだ。君は霊として、太霊の一部と感じながら小さな自分として漂い続ける。

何万年の記憶がそのとき、君の意識を微かな振動をもって通り過ぎていくだろう。この渾沌が肉体を持つ時に訪れた時には、君は過去の諸々の記憶をその場に呼び醒まし、いまの苦悩との間に折り合いをつけるかのように対決することになる。その時君がその過去の渾沌と未来の渾沌をいまの渾沌として受け入れ昇華することが出来たならば、君がその渾沌を抜けだす時に、少しの力を得て未来を輝かせていることだろう。

その元となる渾沌の中で君はいかなる霊として魂を宿らせ、そして次の生として人の身をまとうのかが問われてくるのだ。しかし、この時の君に、いま君が感じているような意識は働かない。その様な明瞭な分析など行なわれない。その意識は漆黒の闇と輝きを見詰めているからである。ただ感覚だけが優先され、その感覚という意識が恰《あたか》も意志が如き働きをするための場であるのだ。そこに理屈など作用しない。

すべてのものは溶解している。溶け合って一つのものとなり渾沌としているのだ。それはその中にあらゆる可能性を有していることを意味している。宇宙開闢の時、渾沌として未来の運命のすべてを包み隠した状態から一気に大爆発が生じ、この宇宙は誕生した。そしていまも生長し続けている。そこには設計図が内在し、その設計図に基づいて宇宙は発展している。当然のことながらその中に人間も存在し、生命と性命は共にその設計図が示す方向へと進化を続けているのだ。

君という一人の人間も冥界に独り漂う時、そのうちに未来の設計図を持つに到るのである。それは、前

世の行為を因として、ほんの少しだけ軌道修正される形で、命運が刻まれていくのだ。この渾沌こそが命の誕生する場であることを忘れてはいけない。

この霊の場だけでなく、人間世界においても定期的にこの場が生じ、君は混乱することになる。それまでの間、君が正しく努力してきた者であるならば、君には光が射し込み、君を未来へと導くことになるが、そうでない場合には同じ未来でも辛いものへと移り行くことになる。

この闇と霊の世界は障害の場でもある。はっきりと意識されることのない無意識の中で、君にはあらゆる不幸が襲ってきたような錯覚に陥るかも知れない。それはそれまでの生き様が導いてきたものであることを忘れてはならない。すべては君の選択であるからだ。君のエネルギーはいつもの様には出なくなり、沈んでいるかの様にも見える。

ここは心の闇が浮き彫りになる世界

ここは君の万年の生存の記録の場である。万年の記憶が強い意志のもとにあったならば、この渾沌は実に有益に作用し、次の大きなステップへと進むことが出来る。しかし、もしそれが出来ていなかったならば、ただ混沌の中に自身を見失うだけとなる。すべての価値命令から脱出し、自分だけの自由な精神性の中に立ち返ることが出来るならば、その混沌もいずれ収まり正しい道が顕われ出ることになるが、そうでなければ、いつまでも道が明らかとならず、あれもこれもといった形で二つも三つも四つも五つもといった形で、迷いとしての不明瞭な道だけが示されることになる。

この実体があるようでない世界にあって君を支えるものは何もない。輪廻し続ける霊の存在がそこに自覚されるだけで、その霊も本来の姿として君の前に顕われているわけではない。君は常にこの不確かな霊の中で、この渾沌をやり過ごさなくてはならないのだ。それは仮想の世界にも似ているかも知れない。いまの若者ならば、得意の世界である。そのイメージの中であらゆるものが一つとなって溶け合い、形を成していることを想像してみるといい。正に意識だけの世界である。

この時、君の意識がより広い視野へと向かうことが出来れば、君はこの〈サナギ期間〉を無難にこなすことになる。君は蝶のサナギを知っているだろう。あの少しかたい殻の中がどうなっているか知っているだろうか？　あの中はドロドロの液体状態であるのだ。その液体の中にすべての蝶の設計図が溶け込んでいるのである。この生命の不思議な形態を通して、この君の性命としての渾沌も理解することが出来る。醜い青虫が静止した状態のサナギへと変態し、その渾沌の中に未来のすべてを詰め込んで、そして遂に蝶へと変身し、空へと舞い立つのだ。まったくこれと同じ原理が霊（魂）の変位の中でも生じていることを知る必要がある。

ここにいる間、君は精神世界の中にはばたかなくてはいけない。ただ闇の中でジッとしているだけではなく、その闇の中で心静め、自分を自覚したならば、その中の微かに輝く光に向かって飛び立つことが大事だ。実体のない世界であったとしても、君は新たな自分を発見することを可能とするのである。それは突拍子もないことだったりもする。しかし、この世界には何の規範もない。君はあらゆる可能性を試すことが出来る。この世界であらゆる体験を可能とするのである。

ここにおいて、君の理想をイメージすることはとても重要である。ここでしか理想を思い描くことが出来ないからである。君はこの渾沌の中で、驚くほどの素晴らしい理想世界を築き上げることが出来るのである。それこそが、この時期の重要な作用ということが出来るだろう。それは理性よりも感情、感情よりも感性の世界ということが出来る。その中ではあらゆるルールに縛られることがあってはならない。

それをしたとたんに君はこの渾沌の法則から弾き飛ばされ、渾沌を学ぶことが出来ないままに次のステージへと放り込まれるからである。次のステージには、前のステージがクリア出来ずゲームオーバーになっていたとしても、同じレベルのものとして進むことが出来る。違うアプローチで再チャレンジということになる。

だから、この渾沌の原則だけは破ってはならない。それは一切の価値判断を持ち込まないということである。もちろん君の霊が拒絶することはやってはならないが、あくまで自分を小さくさせてしまう世の中のどうでもいい規約に縛られてはならないということである。その理想の世界がイメージ出来るかが課題の世界である。

災難と疾病

この世界に生きる者たちの渾沌期には、それまでの魂の経験不足からくる混迷がある。それは災難や病となって個人に表われてくる。人と正しく関わってこなかった者や正しく信仰を持たなかった者たちは、悉くこの時期に、辛い思いをさせられることになるから注意を要する。

つまり、心理的にダウンしている時期には多くの人が病気を発病する傾向にある。それは当然のことだと言えるのだろう。心身のバランスが壊れることで、ホルモンの出が悪くなり、心と直結している消化器系の働きが悪くなり、さらに寝不足から心臓の調子まで悪化する。そして脳の働きも緊張が長く続くことで維持できなくなり、遂には鬱までも発症する人がいる。

事故に遭ったり、人とのトラブルが発生したり、身体は機能不全を起こし、心が沈めば、もう立派な病人である。人によってはまことに悲惨な目に遭う人が出てくる。

ここで君が求められるのは普遍性である。普遍の価値への目覚めが問われているのが渾沌期間であるのだ。つまりそれまでの会社や家庭への依存が問われることでもあり、自分自身への責任を再確認しなければ先に進めない場であるのだ。自分への甘え、他者に厳しく自分に甘い人たちは、ここで強烈なシッペ返しを受けることになる。また、心身のバランスを無視し続けてきた人も、このときに病気や身体の破壊を体験する。その様なカルマ（業）が作用する時だからである。

〈障害〉これこそが自身への「葛藤」として顕われ、君をさらなるステージへ導こうとするのである。だからこそ、ここで君は逃げることを許されない。君はどんなに辛くともこの時期を強い意志の下に、クリアしなくてはならないのだ。ゲームオーバーになった者は、前回の円環へとまた逆戻りすることになる。そしてまた同じステージへと転生することになる。

この時期を難なく上手にクリア出来る者は、この三十年間を正しく努力し、葛藤を止揚できてきた者だ。しかし、その様な人は、そうそうはいない。必ず混沌の中でいろいろの不快事に襲われ、自分の立ち位置について改めて考えさせられる体験をさせられるのだ。

だから、この三十年間、正しく生きてきた者がいたならば、その者は悦びに満ちた時期を迎えることになるのだ。だが、現実にはその様な者はほとんど存在せず、苦しい期間として全員に訪れる。だから、この渾沌は霊の世界にあっては霊の浄化期間ととらえ、人間の世界にあっては心身の修正と新たな自分の構築への事前の精神の整理期間なのだと考えなくてはならない。

そう理解できた人間だけは、次の準備へ正しく進むことが出来るようになり、新たな輝かしい自分と出会うことになる。

円環《ループ》②

第2期

誕生期

再生

生命の誕生再生には二つの意味がある。一つは霊が魂魄を身に付けて黄泉《よみ》からこの世に再生しようと母胎に宿り、人の命が母胎より誕生するその時である。それは、渾沌とした世界からの再生であって、まったく新たな人生の始まりを意味する。それは生は赤ん坊が産声を上げたその時、浩然の気が赤ん坊の体内に入るところからスタートする。運命学における生年月日とはこの瞬間を指すのである。その時の星の配列によってその人の一生は決定されることになる。その決定が大きく変わることはない。人は定められた通りに生きるだけなのである。そしてもう一つは、人生における12のパターンの繰り返されていく中での渾沌と再生である。

何も知らない者は、「そんな下らないことがあってたまるか！」というが、残念ながらそうなるのだから否定しても仕方がない。もちろん細々したところまですべてを言い当てることは不可能だが、それは運命学が不完全なためで、宿命たるカルマ（業）が作用していないことを意味するのではない。かくして、第一声を発した赤子は定められた運命のレールの上に乗せられることになる。そのレールは二つの力によって定められたものだ。

一つは、因果律という法則である。もう一つは前世における人の行為の因子である。ということは、今世の君の言動を因として来世の君の人生が決定するということになる。因果律は物を選別していくベルトコンベアの様なものだ。出来の悪い品はふるい落とされ、それは違うルートへと導かれる。出来の良い物はそのまま目的地へと辿り着く。その様にして、因果律のベルトコンベアに君の前世の言動と心の中の悪意と善意とがすべてふるいにかけられ、正しいものは真っ直ぐ進み、正しくないものは脇道へと流され、悪いものは地へと落とされていくことになるのだ。それを運命や宿命というのである。それが君の人生を決定していくことになる。

どんなに優秀でも、自己中で他者の立場になることがない者は、ある程度まで成功するが重要な所で必ずトラブルが生じ、それ以上うまくいかないことになる運を持って生まれてくる。逆に優しい心を持ち、よく犠牲となった者は今世で穏やかな家庭に生まれ、皆から好かれる人生を送ることになるのだ。前世で他者に親切にしていた者は、今世でもその様にするし、同時に他者からその様にされる人となるのである。

どんなに正しい人でも、いつも怒って他者に対して厳しかった人は彼らからの怨みを買うこととなり、それが原因で若い時から体調の不調や腰痛など下半身への骨格に関わる痛みを伴うようになる。その怨みが特別強い時には、何を行おうとしてもその度に邪魔が入り、人生がままならないものとなる。善人であっても他者を叱る者にはこの因縁が生じるのである。

明るい性格の人は皆と積極的に関わり愛嬌があるため、他者から愛されるが、同時に軽率な行動が多くそのために信を失うこととなる。自分の中だけで空回りをすることとなり、勝手に陥り、勝手に喜ぶ性《たち》となる。また、欲に駆られてすぐに動くことで失敗することが多い。この様な運命をそれぞれが新たな人生の中で見せることになるのである。改めてここに人格の九つのパターンを述べるとしよう。

9人格の進化パターン

①タイプは、周囲の眼差しの中で自己を形成させる命運である。彼らは強い信念に自信を持ち、その通りに周囲が行なっていないと本気で怒り、周囲を正しい道（実は自分の価値観）へと導こうとするのである。その結果、周囲から強く反発されるようになり、ますます周囲と対立するようになる。自分が正しいと信じているため容赦なく相手を責める厳しさを持つ。それは同時に自分の言動にも向けられており、そのために生きていくことが息苦しくなり他者の眼をいつも気にする日々を送ることになる。だが、基本は自分の信念であるので他人の眼より自分の信念が強い者はまったく他者の眼を気にしないために、嫌われる者となる。それでも根は優しく親切であることがこの人の特徴であり、対立しない限りは公平で愛情豊かであり頭の低い好人物である。

②タイプは、周囲へと心を配り近寄ることで自己を形成させる命運を持つ。一方、論理的思考や忍耐努

力という点においては苦手の傾向が見られる。彼らは他者への親切を通して自己愛を満たしていく者たちである。いつも優しく親切であるのだが、それは同時に自分に対する感謝が向けられることへの期待がその背後にある。①が自分の親切に対する相手からの感謝に拘らないのに対して、②は感謝されない時には相手が罪人かの様に責める気持ちが生じてくる。それが嵩《こう》ずると激昂し手に負えなくなる。しかし、そこまでに達することはめったにはなく、基本、誰に対しても親切でよく気配りが出来、他者に愛情と安心を与える好人物である。

③タイプは、周囲のことを意に介さず自分の評価を築くことで自己を形成させる命運を持つ。彼らはよく努力することが出来、自分の評価が上がるためならば相手に進んで媚びるところがある。他者の眼をまったく気にせず、良心という観念もないため日常的に嘘を吐く傾向を示す。雑念が生じにくくドライであり、物事に集中できる特徴を持つ。また、9タイプ中もっとも感情に支配されにくく、イヤな事があっても極めて短時間で元に戻ることが出来る。他タイプがその回復に3日かかることを、③タイプは30分で気持ちを切り替える能力がある。その豹変ぶりは驚くばかりでカメレオンが如くに何にでも変身できる才能の豊かさがあり、他者との自然なコミュニケーションが得意で愛嬌がある好人物である。

④タイプは、自由な中で自己を形成させる命運を持つ。彼らはとにかくマイペースであり、他者のことはまったく気にしない。ところが、他者からのちょっとした態度や注意などには敏感に反応し傷つき

反発することが多い。この人たちの特徴は幼児性の繊細さである。それが芸術方面への才能を開花させる傾向にあり、一部には言葉への繊細さが拘りとなり、知識を追究して優れた学者になる人も多い。なんであれ皆、自分のペースで生きる人たちで相手に合わせることは基本的にない。他者や物事に対する判断は基本的に感覚的であり、自分が好きか嫌いかで決定する。その意味では自分に正直な人たちだが、同じ正直でも⑧の様な傲慢さではなく、子どもの様な単純性が見られる。美的感性に優れた根の純粋な好人物である。

⑤のタイプは、傍観者の傾向を示す。孤独の中で自己を形成させる命運である。彼らは幼い時から親が多忙で世話してもらえなかった傾向にある。そのため一人で周辺の何かに接しながら遊んでいたため、自分一人で思考することに長じている。物や生物や自然が遊び相手だったために、科学者やエンジニアなどの理系を得意とする傾向にある。一人だけの思考を幼い時より訓練されてきたため、一般に頭が良い傾向にある。しかし、それは同時に他者との共感性の体感が乏しいことを意味し、情緒的なことに対する理解力が劣る傾向にある。そのこともあり、全タイプの中、もっとも吝嗇《りんしょく》（ケチ）でもある。融通も利かない。だが何といってもその頭脳が優秀で多くの科学者を輩出し続けている。また公平で優秀な好人物である。

⑥のタイプは、不安の中で自己を形成させる命運にある。彼らは両親の価値観が真逆だったりして自分に確たる価値基準を設けることが出来ず、父と母の間を不安に振れている状態のままおとなへとなっ

ていく人たちである。そのため、両価性という一つに決められない不安定な心理を内在させており、大事なときには必ず不安心理に襲われる傾向にある。しかし、その不安がイライラとなり怒りへと転じられ、自分の不安定さから周囲の人をいつも責め、小言を言うことが日常的となるため、嫌われる傾向にある。しかし、普段は世話好きでよく気が行き届き愛嬌もある好人物である。

⑦のタイプは、情熱の中で自己を形成させる命運にある。彼らは親への強い反発を幼少期に醸成しており、その力が強い情熱家へと変貌させている。その特徴は、思ったらすぐに行動するところにある。その分軽率に流れやすく失敗を招きやすいが、それでも再挑戦するパワーを持つので、何度もやっているうちにそれなりの実力を身に付け評価されるようになる。自分が始めたことを否定されることが彼らの一番の怒りとなるもので、彼らにとってその様な相手は絶対に許されない。何事も情熱が基本であり、また欲を満たすことを好むことから散財する傾向もあるが、実力を身に付けた⑦タイプは大いに出世する能力を持つ。欲の深さは⑧と並んで群を抜いている。周辺に特別声の大きな人がいたら大体⑦タイプであると思って間違いない。彼らは陽気で前向きであり楽しい好人物である。

⑧タイプは、他者との戦いの中で自己を形成させる命運にある。彼らは兄弟の中で自分だけ疎外された意識を持っている人が多く、その反発から幼少の頃より母親を支配しコントロールする術を身に付け、その能力を武器に社会で他者に勝つことを宿命としている人たちである。彼らの意識には常に勝ち負けがあり、最低限負けないことを必須条件としている人たちだ。その生き様は、全タイプの中で最も

強く、他者は基本的に自分以下の人間であり、相手が自分より権威があれば媚び、強ければシカトし、弱ければ見下し、対等という関係はなかなか生じにくい。物欲が強く、精神的なことを含め盗むことも殺すことも平気で、①が原理原則を基に相手を責めるのに対し、⑧は自分の欲や正当性を主張するために相手を攻撃し呪いをかけ嘘を吐くのである。その意味で自分に忠実な人たちであり、アメリカ人や中国人の様な周囲をまったく気にしない傾向が顕著である。世に成功者と呼ばれる人にはこのタイプが多い。逞しく頼りがいのある好人物である。

⑨タイプは、平和の中で自己を形成させる命運になる。極端に戦いや対立を嫌う。それだけでなく、精神的に面倒な事柄についても後回しにする傾向があり、だらしない人が多い。締め切り日に間に合わない、間に合わせたつもりが大きなミスをやっていたなどという傾向を示す。しかし、基本的には自己犠牲を進んで行なうタイプであり、その点は全タイプ中、筆頭の性格である。この人たちには兄弟の中で妹や弟のために、あるいは兄や姉のために自分が母親の愛情をもらわないようにした方が家族が平和でいられる、といった幼い時の体験を持つ人が多い。だから、どのタイプよりも自己主張が少ない人たちである。同時に、優しい雰囲気を持っているため、癒やし系の人たちであり他者にホッと安心を与えることが出来る好人物である。

決定的な母の知性

再生時において、人は大きくこの九種類の性格に分類されて生まれてくる。もちろん、これらは前世から定まってきたカルマということが出来る。それを決定付けるために誕生後、その成長過程の中で親子関係や兄弟関係等の中で、自分の性格傾向を決定していくのである。同じ環境の中に生まれ育てられても、元々の性格がこの9タイプとして別なものであったならば、親がいかに同じ環境で育てても、まったく異質の子へと成長する。それは親が持つ因縁がそこに関係し、その子がどのタイプになるかが決定していくのである。

あらゆる可能性の中から微に入り細にわたって因果の法則が作用し、最後に親と子の縁が決定し、その家に子は生まれてくるのだ。

昔、君も親に向かって「勝手に産んだくせに！」などと反発したことがあったが、あれは君の間違いだ。君がこの親を選んで、この親が君を呼んで因縁が成就したのだ。決して単なる偶然に君がその家に誕生したわけではない。君の運命カルマがその家を選ばなくてはならなかったのである。

そうして再生した君は、自己を形成させることになる。それは他者に印象付けされる君の姿だ。容姿が決定し、その個性が表現されていく。それはちょっとした造形美の様な工程でもある。この再生には、その前の渾沌との対称がある。新たな生命は母胎から外へと抜け出す道を選び、母胎との訣別を決意したことを意味している。それは胎児が自己を主張する瞬間でもある。そのために胎児は子宮内に副腎皮質刺激ホルモン（ＡＣＴＨ）を放出し、母を産気付かせるのである。その後の母は人生最大の苦しみを味わいながら、子は人生初の命懸けの旅へと出立し、遂に出産へと到るのである。

そこは生命の危機と隣合わせで、実際多くの母子が亡くなっている。この現実をわれわれは見過ごしてはいけない。母親への感謝は何度言っても足りないのだ。そこにこそ母子間の父子間にはない強い絆が存在する。いくら父が子を愛してもこの母子の愛には到底敵うことが出来ない。それは、そこに命が懸けられていたからであるのだ。

そして君は、この世に再び誕生することになった。その時のことを君は覚えてはいない。それは残念なことだ。オッパイを吸っていたことも忘れている。残念だ。抱かれていたことも忘れている。これでは親は浮かばれない。でも、ちっとも気にしてないのが母親だ。自分が産んだという絶対の確信と自信とが有るからである。その点、父親は自分の子である確証はＤＮＡ検査をやらない限り一生判明しないのである。たまたま顔や体型が自分によく似ていたならばその時に自分の子だと父親は実感するのだが、その時までは自信が持てない。なにせ、今やそんな貞操云々の時代ではなくなったからだ。

さて、こうして君もこの世に誕生、オッパイを飲んで育ち、この環境に慣れてくると父親を認識するようになり、それはある意味〈他者〉の第一号ということになる。子どもによってはこの父親を怖がるケー

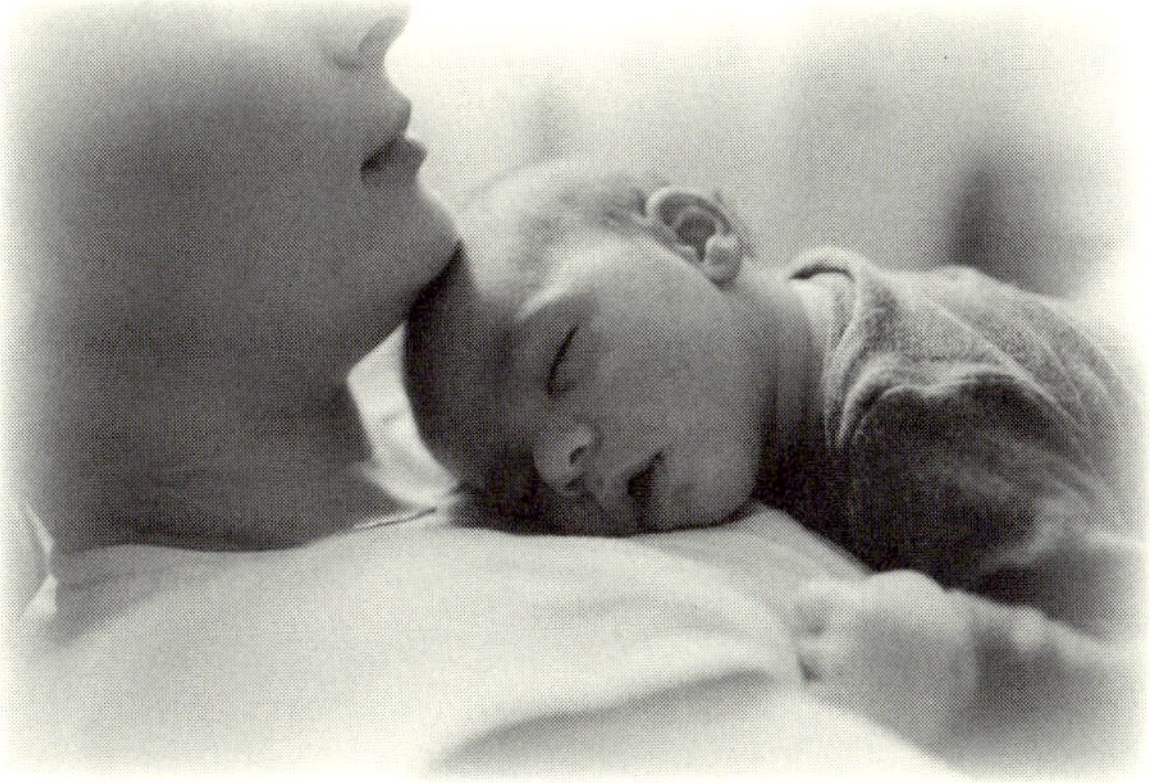

スもあり、その時の父のショックは大きい。また、その時母親が他の男が気になっていたりすると、その子が父の子であったとしても、その子はその男の方を好み、父になかなか懐《なつ》かないという酷い話が起きる。こういった面倒なことも含めて、人の再生は誕生当時より多くの矛盾を抱えながらスタートするのである。それは、父母との対立構造を内在させ、子はそれを乗り越えなくてはならない宿命の中に育つことになる。ここで決定的なのは母の知性である。この場合は愛情と言ってもいい。この母親が子を溺愛すれば子はわが儘《まま》となり、社会性を身に付けないままにおとなとなることになる。わが儘な子は学校に入れば他者から嫌われ対立し、孤立する。また、母が父を嫌えば子も嫌うようになり、そこからは愛を学ぶことが出来ないままに、子は育つことになる。その意味において、母親の知性の高さ（愛情）がすべてを決定するといっても過言ではない。

だが昔から、「親はいずとも子は育つ」という。この種の溺愛する母親はむしろいない方が子は淋しい思いをしたとしても立派なおとなへと成長できる。父親などいようがいまいがさして関係ない。母子の関係こそが父の存在理由までを決定付けるのである。母親に家族に対する正しい愛情がない限り、子は正しく育つことはない。

再生誕生したばかりの赤子は巨大なエネルギーの固まりであり、新たな生に果敢に挑まんと仕始める。そして多くの体験の中から自我を獲得するのである。それがまったく新しいものなら、このステージをクリア出来るが、前世の時と同質ならステージは上昇することなく、再びと第二期を体験させられることになるのだ。

かくして、再生は誕生となり、新たな生をスタートさせるのである。この時、母親が穏やかなら子は前世の記憶をまだ消さないまま持っていることがある。しかし、それも数カ月の間に消失してしまうのも定めだ。かくして、君の記憶は遠い彼方へと隠されてしまったのである。

そしてそんな君が、風に吹かれる時、それらの記憶が蘇り、微かな記憶の中に君は太古のヴィジョンを垣間見るのである。そして「ここに」存在している自分を自覚するのである。そして、そこには自分をいつわった「仮面」が出現する。その仮面こそが君を迷いへと導く君の第二の自我であるのだ。君は成長するにつれ、素顔を隠して親や周囲の者にいつわりの自分（仮面）で登場するようになる。ハツラツとした者の仮面はたやすくはずせるが、暗い心を持った子はだんだん素顔を見失い仮面を自分と思う様になる。

ライフスタイル

この第2期は君の新たな顔が決定されるときである。君は第1期の渾沌期において多くの迷いの中から、新たな自分の生き方を選択し、社会へとその顔を見せるのである。人によっては、髪型から服装から喋り方まですっかり変わってしまうケースもあるが、大半はその生き方が変わることを意味する。時にはそれまでのパートナーと別れて自分一人で生き始めるということもある。

何であれ、この期間が意味することは、新しい君が登場することだ。周囲からの君の評価が新たになるときでもある。サラリーマンから何か商売を始めるなどというのは、正にこの第2期の特徴的な「顔」である。ここは自分がイメージする顔というより他者がどう君をイメージするかの顔でもある。つまり社会へ新たに出現した君に対する周囲の評価こそがこの時期を示すのである。そのためには、君がいままでの三十年間とは違う何か新たな行動を為していなければならない。

ただ漫然とこの時を迎えた人は完全に失敗する。敗北感や自信喪失へと陥ってしまうので注意しなくてはならない。このループの実際的なスタートであるこの誕生期に、強い自己意識が働かない人は厳しい展開となる。その意味で周囲との軋轢《あつれき》が生じたとしても自分の決意が揺らぐようであってはならない。強い意志を貫かなくてはならないのだ。そうでなくては第3期以降の成果に大きくマイナスしていくことになる。

新たな自己像の構築のために重大な決断をし、そして積極的に行動していかなくてはならない。間違っても不安や恐怖心にとりつかれてはダメだ！　目標を見失ってはいけない。最悪パターンは自分の失敗が認められず、他者の言動に対して横暴な態度を取り始めるケースがあることだ。呉々も、そうならないよう真剣に努力し決断し、新たな自分の「顔」を作ることである。

円環《ループ》③

第3期 才能期

所有

幼児は目の前のものはすべて自分のものであると受け止める。君の記憶力が良ければこれもあれもそれも全部自分のものだ！と言っていたのを覚えているかも知れないが、君はあまり記憶が残っていないようだから無理かな？　覚えている人はよく分かるが、あの頃は、自分しか眼中になかったものだ。

あらゆるものが自分の好奇心の対象だった。触感としての母親の肌のぬくもりから、そして、お乳の味からすべてはスタートするのだ。君はそれをベースに、次の段階へと移っていく。母親の体温が低かったり肌がザラザラしていたり、お乳に油分が多かったり塩分が高かったり甘すぎたりすれば、それらのすべてが君の精神へと刻まれ、君はその様なものを好む人間へと宿命付けられていく。

この時重要なのは、母親の学歴や出自ではない。すべては母親の愛情が試されている場でもあるのだ。この母の愛情と体質こそが、その後の君を宿命的に決定していくことになる。それは君にとっては、この世を初めて学んでいくそのスタートを意味しているのだ。

君は第一に母を所有する。そしてそこから色々なものを学んでいく。その第一が母の特質であったわけである。優しい母親からは優しい子が育ち、厳しい母親からは厳しい子が育ち、わが儘な母親からはわが儘な子が育ち、真面目な母親からは真面目な子が育つのである。一方、怖い母親からは萎縮する子が育ち、愛情が不足した母親からは無反応な子や怖い子が育つ。小言ばかり言う母親からは反抗的な子が育ち、体罰を与え続ける母親からは狂気の子が育つ。さらに両親がケンカばかりし反目する家庭に育った子は、親を捨てるようになる。ただし、ケンカをしていても両親間に愛情があることが明らかな家庭では、わんぱくの子が育つが悪になることはない。すべては親の愛に関わっている。特に母親が愛情豊かであるかがすべてを決定する。

母親が自分中心で生きている場合には、子どもは母の所有物とされ、子の成長を阻害することになる。その様な母に育てられた子は周囲のものすべてを自分の所有物だと勘違いし、他人が目の前に現われてきた時に、泣き叫び、わめきちらし、暴力を振るって自分の所有物を確保し守ろうとする。それは、動物が自分の獲物を渡すまいと怒るのと同様である。そこには生物としての自己保全本能が作用しているということが出来る。その意味では、幼児期における確保能力の高さは生涯における生命力の強さともある程度一致することになる。

かくして君は「自分のもの」を認識し、欲望の中で生きることになる。それは長じていくと、財産や体力や能力への所有意識へと転じていく。この時期のまま一生を終える人を時々目にすることがある。その様な人物は極めて幼稚な発想しか出来ず、他者を敵としか認識できない。彼や彼女が信じるのは金だけである。金だけがすべてであり、そのためにはあらゆる恥知らずな行為をする。その様な人格がいる場所がこの幼児期である。

彼らは死後には、その様な者が再教育される場へと落とされることになるのだ。せっかく再生できたというのに、彼は単に周囲の者に葛藤を与える役割として特別に選ばれ生まれさせられたのだ。そしてその役割が済めば、また元の下等霊界へと落とされるのである。

この様に、あらゆる階層と関わる形でこの世は存在する。大金持ちでも知性の低い者が多く存在する様に、貧乏人の中にも知性の高い人が存在する。なぜ貧乏となるのかの原因は色々あるが、その一つは、他者への奉仕が少ないためである。だから人々を喜ばせる者は金持ちへとなるのだ。彼らの人格はまったく関係ない。どんな形であれ、他者に喜びを与えた者はお金（物）というご褒美をもらえるのがこの世の法則である。だから下品で知性のかけらもない人物でも、芸をやって人を喜ばすことが出来れば金持ちとなれるのである。

金持ちとなる者にはもう一つの類がいる。それは才覚だ。彼らは金に対する執着が強く金を儲けることを二十四時間考え続けている。目敏《めざと》く金儲けのヒントに気付き、商売上手で成功するのだ。これは才によって金持ちとなる例である。

この才能はおとなになってからも定期的に君に訪れることになる。その時の意味することとは、自分のもって生まれた才覚を活かすことを暗示している。生活に必要な金を稼ぐために君がもともと得意としていた才能を活かして仕事をすることを勧めている。君が青年期から他者に勝っていたと思われる才能に気付き、それを活かした職種や商売を展開していくのだ。

この時期には君には大きな不安が生じている。すなわち、将来に対する経済的な不安である。しかし、この時に自分が得意としている才能が何かを再確認しさえすれば、その才能を発揮する努力さえ行なうなら、即座に効果を出していく運命にある。こうして君は自分に自信を持つことになる。

〈肉体〉の成長

何より自分の潜在能力、所有物としての認識の一番最初のものは肉体である。この時はこの肉体の力も再確認することによって、全体としての才能の発揮を強めることになる。

正に、幼児というのは自分の肉体のことが何より一番の興味の対象となる。特に手足が働くことに強い興味を持ち、口が動くこと、舌があることに気付くとそれらをバタつかせ、手当たり次第に舐め始める。よだれが大量に落ちてくることも新鮮な面白さなのである。こうして幼児は自分の最も原初の潜在力としての肉体に好奇心を示すのである。動くことで脳が発達していくことに幼児本人はまったく気付いていないのだが、こうやって五体を動かすことで幼児は自分に潜在する力を発達させ、この世での力を強化していくのである。

だから、この時期に子どもの動きを抑制するような姿勢をとらせたり、ハイハイが出来る様になった子をいつまでもカゴに入れている母親は、子の成長を止めていることに気付かなくてはならない。この時期に移動椅子に子を乗せてしまう母親がいるが、これをやると四ツ足歩きの訓練が出来ないままとなり、腕や首や背骨及び下半身の発達に支障をきたすことがあることを知っておく必要がある。この四ツ足歩きこそが幼児にとって体と脳の発達にとても重要であるのだ。車椅子では、自分の努力なしに自由に行きたい所へ行けるため、辛抱や努力の潜在的習慣性が身に付かないまま成長することになる。もちろん、その後の育児でそれをカバーすることは出来るが、自然と身に付くこの時期の行為は、とても重要であることを学ぶ必要がある。長じた後に再びめぐってくる才能期も、この潜在能力の問題となる。

その方法

この様にこの時期は、自分の潜在能力を高めることが必須事項となる。だからこの時期は友人と遊びまくったりしていてはいけない。君は、自分の才能が何かをしっかりと自覚することが大事だ。そしてそれを活かした職に就くことを考えなくてはならない。もちろんその基盤となるのは、脳を支える身体である。その意味で、この時期は身体を鍛えていくことも念頭に置いておく必要がある。

こんなことをいうとジムに通わなくては、と言う人がいるがその必要はない。家の掃除を昔ながらのやり方でやるだけで充分である。一時間、部屋の隅々まで拭き掃除をやり続ければ汗だくとなり、これで充分な運動量となる。テレビを見ている主婦なら、ボーッと見てないで、その場爪立ちをしながら見るといい。そうすれば、第二の心臓であるふくらはぎの筋肉を鍛えることが出来る。

しかし、一番いいのは、外に出ていい空気を吸いながら緑豊かな場所でしっかり歩くことだ。平坦なところではなく坂道や階段が有る所を一時間以上たっぷり早足で歩いたならば、大いに運動の効果を上げることが出来る。ジムに行くなどというのは、それからのことだ。

こうして身体を健全に保つことが出来れば、心も健全となり、仕事への意欲も湧いてくる。身体の自由が利かず充分な運動が出来ない人も大丈夫！　心配ない。そういう人は気（プラナ）を身体に巡らすことをやると同様の効果を得ることが出来る。余り詳しくここで述べることは出来ないが簡潔に説明すると、気を意識して全身を巡らせるやり方である。

①先ず、自分の視線を呼吸に向ける。

②息を吸う時に、その気（プラナ）が鼻から入って、喉を通り胃を通り臍《へそ》下三寸の丹田《たんでん》へ入っていくのをイメージする。

③それがうまく出来るようになったら、そのプラナが丹田や呼吸器官である肺から全身に行き渡っていくことをイメージしていくのである。同時に全身にやるのもいいが、それよりも右足なら右足、左足なら左足といった具合に個別の所に集中して行なう方が効果が出やすい。

④さらには、これはちょっと難しいかも知れないが、全身の皮膚呼吸に意識を集中し、吐く時に皮膚の〝気孔〟から空気が出て行く様なイメージを持つといい。その時は全身が風船のようにちょっと圧がかかりふくらんでいる感じを実感するのである。

⑤次に、吸う時にはその逆で、皮膚から空気を吸い込むのだが、皮膚が内側に吸い込まれるような凹んでいくイメージを持ちながらやる。これら一連の動きをしているだけで、身体の自由が利かない人も運動したのと同じような清々しさを味わうことが出来るので、やってみるとよい。興味がある人は、

ハガキにてその旨を伝え記してもらえればお知らせする。

先天的能力

さて、この様に自身に宿る先天的能力を自覚し、それを伸ばすことで君は仕事が順調にいくようになるだろう。そして、昇給が可能になることになる。幼児がこの肉体を制御するためにいかに努力しているか考えてみるといい。少なくとも自在に走り回るためには三年の月日を要する。おとなになったいまでも、そのことは同じだ。君の才能を発揮するためには三年はみっちり努力すべきだ。この肉体を自在に使いこなしてこそ君は実力を発揮するのだ。君は肉体を自分と同化し一体化して生きている実感を味わう必要がある。それは決して難しいことではない。誰にだって出来ることだ。要は、そのことを意識すること。忘れないことだ！　遊んでばかりじゃダメだ！　ゲームばかりに陥っていては、せっかくの肉体も君の才能も死んでしまう！

生まれつきの才能として親の家業というのがある。例えば、和菓子屋に生まれた子はいつも目の前で親が和菓子を作っているのを見ているので、教わらなくても自然とその仕草が身に付き、聞かなくとも声が聞こえてくるので、自然とそのコツなども知識として蓄積されていく。この子にとって天分とは和菓子職人以外の何者でもないということが出来る。

しかし、にも関わらず、彼や彼女が違う道を歩みたいと思ったらそれでいいのだ。その道が先天的能力のあるものであるなら、それで成功することが出来るからである。ところが、この手の類でよく見かけるのが、憧れの職業に就こうとするパターンである。この人は憧れでサッカーを習い始めたようなもので、いざ始めてみると他の皆の圧倒的な身体能力の高さに圧倒され、絶望するというのはしばしばある話だ。何事にも挑戦してみるのはいいことだ。

だが、この才能期における君は、明確な自分の能力についての認識が要求されている。やりたい職業なのではなく、出来る職業をやる時期を意味するのである。先の人物が和菓子屋が古めかしくて何か性に合わない、しかしその職人としての才能はすでに身に付いているとしたならば、モダンなイメージのヨーロッパデザートの職人に心動かされてその世界で大成するというやり方もある。どんなやり方でも良いから、自分の才能を活かした仕事をする時期を意味している。

と言っても、転職しろと言っているのではない。いまいる会社で自分の得意の課に転職願いを出すことは可能だということだ。あるいは自分の才能に繋がる新しい企画を出して、それを実践するというやり方もある。この様にして、自分に目覚めることが重要である。

それまでの自分が、ただ目の前の自分の欲求だけへ心を向け、何をやりたいかだけの自分だったのが、ここにきて、自分の内側に心を向け、自分で自身の演出を始める段階へと成長してきたのである。

ここで君に要求されているのは、自由な心でもある。自分は絶対に出来るという強い意志だ。時にそれは爆発的な力となって大事を始めるだろう。それまでの君とは別人の様に、システムまで変えてしまって努力を開始し、新たな自分の才能開花に感動するに違いない。この潜在的な感覚を呼び覚まさせることが、この才能期における君のなすべきことであるのだ。そして、それは収入へと繋がっていくものでもある。まだ君が学生なら、豊かな感覚を活性化させる時だと考えるといいだろう。そして、それらと君自身が同一化していくことであるのだ。

〈同一化〉は君を強い存在へと変えてくれる。君に強い自信を与え新たな道を明確にしてくれる時でもある。バイトをしている学生なら、この時だけは君の才能を活かせるものに挑戦することだ。いままでの惰性で、ダラダラと日銭を稼いでいてはいけない。もったいない！

捨てる

君は君の才能を開花させるんだ！　君が〈所有〉したものにいつの間にか君は支配されていたことに気付くことが出来たら、君はなかなかの人物だ。人は、何かを手に入れると必ずそれに支配され始める。君らはスマホを手に入れたばかりに、スマホに使われる奴隷になってしまっていることに気付いているだろうか！　君らは奴隷だ。物の奴隷となっていることに気付かなければいけない。それがこの期間の学びということも出来る。

もちろん、この時は所有の期間だ。何かを所有することが一つの目的となっている。しかしだからといって、それに支配されてはならないのだ。だがすべての人間が、この時期、この物に支配されてしまうのである。スマホの様に！

そこで君は考えなくてはならない。いかに自分が身の回りのものに固執し、それによって支配されているか、を。友人に振り回されている君を時々見るが、あれも所有物に支配されている姿だ。そこにはどこにも「自分」は見出せない。友人やスマホに振り回されている若者などハイデガーがいう愚人ダスマンでしかないということだ。ダスマンはいずれ神によって亡ぼされる運命にある。君はそうならないと思うがね。

そこで、君はいま持っているもので君を支配しているものを君の支配下に置く必要がある。スマホなら一日の使用頻度を最小限に決めたり、特に持ち歩かない習慣をつけることも手だ。そうしないと君はスマホという主人に従う奴隷ということになってしまう。いまや大半の若者がこの奴隷状態だ。これではいずれＡＩ時代に入ったときには、牛や豚が家畜として殺される日まで飼われるように、ＡＩに飼育されるようになるのだろう。哀れな人類の未来である。


では、どうしたらいいのか――。それは新たな自分を発掘するために、君を縛っている何かを捨てることだ！　新たなものを得るためにはいままで大切にしていたものを捨てなければならない定めにある！　そして、再度、自分の本来やるべき事に意識を向けなければならない。これから先の人生を築いていく土台としての才能を見出さなくてはならない。こんなことを言われると、「自分の才能が分からない！」と言い出す人がいるが、そんなことはないはずだ。ただ「才能」という言葉に過剰反応してしまい、特別凄いものと思い込んでいる傾向にある。

だがそういうことではなく、君が好きだ、と思う分野のことをやればいいのだ。「憧れ」ではなく「好き」なことだ。好きなことなら、最初ついていけないような内容でも、進んで勉強することが出来、大変でも何とかこなせるものなのである。そうしていると、いつの間にか実力者と言われるようになり、誰もが認める存在になっていく。その頃には次のステージの第４期に移行していることだろう。

自分の才能

この様に、この時期は自分の才能に目覚める時である。そのためにも、それまでやってきた仕事の一部に見切りをつけて、新たに自分の才能の開花に力を注ぐということも重大な決断となる。そのポイントは自分の中の才能である。そのためには惰性の仕事やムリしてやっている仕事を捨てる必要がある。そしてそれが次の成長を導くことになる。

では自分の才能とは何か――

自分でこれ！と分かっている人は問題ない。しかし分からない人は、あらゆるチャンスが有ることに気付く必要がある。もし、どうしても分からないという人は、趣味講座がいろんな所で開かれているので片っぱしから体験するといい。陶芸や編み物から華道や書道、デザインから楽器や簿記や木工や金属加工、配管工から重機の操作、ウエイトレスから料理学校や農業、漁業まで、何でもいいから考える前に体験してしまうのである。

そうこうしていると、その中に必ず「ちょっと面白い」と思うものが有るものだ。それに出合うまでは少々大変なので、この第3期を迎える以前に、特に第12期や第1期において少しずつ体験しておくといい。そうしてこの時期にその中から一つを決定し、その能力の開花に力を入れるのである。それは基本的に収入に繋がるものでなくてはならない。この第3期は収入という課題の期間でもあるからだ。

だから、収入に繋がらないものにエネルギーを費やしてはならない。この時期、現実的問題として必ず経済的なことが発生してくるので、それに正しく対処しなくてはならないのである。間違っても「自分のやりたいこと」へ流れてはいけない。ここは堅実に収入へとなるものを選択しなくてはならないのである。そして猛烈にその能力の花開く方へと自助努力が課せられるのである。

円環《ループ》④

第4期 学習期

知性の獲得

君は次に自分の才能の開花から、より専門的な知識を得る方向へと向かうことになる。しかしそれは、まだ広く浅い基礎的な知識の獲得である。何でも目新しく興味のままに次々と体験する時でもある。それは才能期において、君の先天的能力を開花したことにより導かれる次の段階である。だから君が前期において自分の才能について、果たして自分に何があるのか分からない、などとふざけたことを言っていると、このステージに到ることはない。いたずらにこの時期を過ごしていくだけで、単に時間的にそこにいただけで何も得ないままに、自分の才能の所で、井の中の蛙的に満足している愚かな人間で終わることを意味している。

しかし、君が第3期で自分の才能を活用し新たな地平を見出しているならば、君はこの第4ステージに立つことになる。ここは知性を獲得する場である。君の才能の上にこの新たな他者の知恵を加えていくことになる。初めてだらけの内容だ。知識の学習であり、技術の習得である。ここは学ぶ場である。

幼い時は親だけでなく兄や姉から多くのことを学習する。近所の友人やおじさんおばさんも色々と教えてくれる時期だ。そして学校において多くの知識を学ぶことになる。ただ只管《ひたすら》、頭に入れていく作業で、自分の人格とは関係ない。あくまで知識と技術の場であるのだ。

そして、前期の才能期で身に付けたものを外へ向かって表現する時でもある。そのためには、新しい知識をさらに加えなければならない。その行為は同時に外界との接触を必要とすることで、そこに敵が存在することに気付くことになる。時にそれは敵意とすら感じ、そこにある種の怖さを覚えるのである。

それは、学童期の子どもが学校に入って、多くの人格と触れることを意味する。それまでは母親からちやほやされていたのが、そこには誰もそうしてくれる者はおらず、それどころか悪意あるガキたちがウヨウヨいるのである。体力気力的に強い子どもはそこで天下を取り、優越的に学習期を過ごすことになるのだが、力負けする者たちはここで、才能期の狭いカラの中に閉じこもろうとする者もいる。

そうなると、この子は未発達の児へと落ちていくことになる。常に人も物も進化し続けなければならない定めがあるのだ。それをループというのである。ループは螺旋状の形で下から上へ螺旋階段の様に上昇していくことになっている。それが「進化」の象徴である。

ところがこの時、外の世界の元気なガキに気圧《けお》されて、亀よろしく出した首を引っ込めてしまったら、そこで終わりなのだ。この学習期はどんなに苦しくとも、外界へと目をやり続けなくてはならない。悪ガキがいても少し怖いと感じても、目を見開いていることが大事だ。そしてそこには先生という味方がいることに気付くと少し勇気が出てくる。

さらには自分と似たような子、自分とはタイプが違うが気の合う子が友だちとなってくれれば、それからの学習期は楽しいものとなる。ただし、この友が単に自分の写し鏡でしかない場合には、それは新たな知識を得る場としてよりも、自分の狭い世界へと引きこもることになってしまう可能性がある。もしそうなったときには、その君には成長が止まることを意味する。だからこの時の友はプロテクターやボディガードとして機能するものでないといけない。

その条件のもとに君が小学校を過ごしたならば、君は優秀な子として成長しただろう。しかし、友だちの間に逃げ、友だちと遊ぶだけの子だったならば、今の君は成長していないはずである。

真に知性の高い者は落ちこぼれる

幸い君は、授業の時にノートをとり、少しでも勉強の努力をしたはずだ。大事なことはその時に単なる知識だけでなく、その背後にある文明や文化や人間の心理まで学ぶことが出来たら、君の学習期はさらに有意義なものとなったろう。

ところが、この学習期にそれをやってしまうと、大きな誤算が生じてしまうのだ。要するに、大失敗ということになる。なんてことはない。勉強についてゆけなくなるってことだ。思いもしなかっただろうが、この学習期に、ヘタに思考を始めてしまうと、肝心の知識の学習が出来なくなってしまうってわけだ。参るね！

つまり、本当に頭のいい奴は、この学習期に成績がガーンと落ちてしまうってことになる。先生が何か言うとその度に「それどういう意味ですか?」「でもそうだとこうじゃないですか」「どうして1＋1は2なんですか」と蜿蜒《えんえん》と質問し始めて、先生から「いいから黙って覚えろ！」と一喝されることになる。こ

に。

本当は早稲田や慶應に行った奴より頭が良かったのにな。東大に行った奴よりも上だったかも知れないのだ。可哀想に小学生や中学生でそれに引っかかった子はみんな落ちこぼれになってしまった。可哀想に。うやって学習期にヘタに哲学的になってしまうと、肝心の学習が出来ないというジレンマがついてまわる

この事はおとなになってからも起こることになる。おとなにおける学習期に、同様の疑問や哲学的思考が入り込んでくると、この純粋な学習が進まなくなるからである。この時期は無条件で学習に没頭しなければならないからだ。

そして、外に向かってそれを発表発言していく必要がある。そのためにも猛勉強しなくてはいけない時であるわけだ。子どもよりおとなの方が、むしろいろいろ考えてしまって集中の邪魔になってしまうかも知れない。何であれ、この時期に学ばなかった者に未来はやってこないのである。

勉強が楽しいと思う人間は環境に恵まれた者だ。大半は勉強が楽しくない。ましてやただ暗記するだけの勉強なんかうんざりだ。そこで、それを解消するために君は考えるわけだ。「よし、この知識を身に付けて偉そうに喋れば皆びっくりするぞ。自分のことを尊敬するだろう！」と。そういうモチベーションが持てる人間はそれによってやる気が出て、知識や技術をものに出来ることになる。

何といっても、一番の理想は、その知識について大きな好奇心を持っていることである。自分が興味あることだ。ただ暗記していく知識でも自然とその奥の意味までもが理解でき、落ちこぼれになることはない。昔から「好きこそものの上手なれ」と言われてきたのはこのことだ。

つまり、前期の先天的才能を開花させる時期において、自分の才能を開いた者はその延長としてこの学

習期に臨むことが出来、それは自分の得意分野ゆえに、他の人と比べると楽々と習得できるというわけである。

「敵」の出現

と言っても、すべてが順調ってわけじゃない。そこには「敵」がいるからだ。敵とは君より優秀なヤツらだ。彼らがいることに気付かされて自信を失いそうになる。自分より優れた存在に、君はすっかり自信を失うかも知れないってことだ。だが心配する必要はない。君は必ずそこをクリア出来ることになってる。なぜなら、前期をきちんとクリアしているからだ。ループしていく世界で最も重要なことは、前期を正しくクリアしてきたことであるのだ。恐いのは、危機一髪のギリギリでクリアしてきた人たちだ。

その人たちに、再びと敵が現われ自信を喪失させたなら、彼らはそのまま前期の内在世界へと隠れてしまうかも知れないからだ。要するに逃げたってことだ。卑怯なわけじゃない。ちょっと怖くなっただけだ。だから、自分自身に対して厳しい覚悟を持って臨まないと、この学習期をクリアし次のステージへと進むことは出来ない。

子ども時代は、そこで優しい情熱家の先生がいないといけないのだが、なかなかそうはいかないのが現実のようだ。五十年前、日教組が「教師は聖職じゃない、教師もサラリーマンだ！」って大騒ぎした時から、教師はただの人になってしまった。ごく一部に熱血先生がいてくれて、自信を喪失した子に勇気を取り戻させてくれることがあるけど、ほんとにそんなステキな先生は少なくなった…。

ここの一つのテーマは「怯《おそ》れ」との戦いであることを忘れてはならない。自分が知らないことを怖れてはならない。知らないことは恥でもなんでもない。知ろうとしないことこそが恥であるのだ。だから大いに知らないことを楽しむといい。他者と比べて自分が劣っていることを気にしてはいけない。知識を得ていること自体が楽しく感じられるなら、それで大合格なのだ。

そうして学んでいったことは、それなりの実力として自身のものとなり、遂にはそれを他者へと向かって発信する機会をもつに到るのである。それは同時に狭い意味のコミュニケーションの成立をも意味してくる。この時期においては広く浅くの交流が発生していくことになるからである。

第4期に留まる人たち

ここで一つ注意しなくてはならないことがある。それはこの学習期において外に飛び出す意識が強くなりすぎると前期の内感覚が見失われてしまうことだ。それは知識への偏重となり自身の才能の否定にもなりかねないからである。何より、内感覚としての霊の自覚が薄れていき、典型的な唯物論を作り上げることにもなる。彼らこそが、この第4期に留まった人物であるのだ。彼らは自己の内在性をすべて否定してしまい、外世界のみをすべてと誤認するようになり、物質世界だけがすべてであると余りに稚拙な結論へと陥るのである。

それ故、大天才の理論物理学者のホーキングやノーベル賞をとったワインバーグなどの還元主義的唯物論者が出てくるのである。多くの理系の学生らが彼らに追随するのは、この第4期の力が強大化した結果、知識をすべてと誤認し、目に見えない内在世界を感知する能力を喪失したことによるのだ。どのステージにあっても、その力が過剰になった時には必ずミスを犯し、取り返しがつかない結果を導くことになるのである。

すでに語ってきたことではあるが、知識は叡智ではない。智慧でもない。知識は単なる計算や観察の積み重ねでしかない。それは眼に見える世界と数式で表わされる世界のことである。数式は智慧の一部ではあるけれども、それを使う側に智慧が獲得されていなければ、その数式からより高い次元の智慧を書き表わすことはないのだ。いくら科学が発展しても、知識が増えても人格の向上には繋がらないことは誰もが知るところである。

亡くなる数年前だったか、ホーキング博士らを集めてアメリカ国防省が宇宙人の来訪について相談したことがあったが、その後の会見でホーキングは、「宇宙に向かって地球から信号を送ってはならない。送り続ければいずれ宇宙人がそれを受信してわれわれ地球人の抹殺に来る可能性があるからだ!」という強い警告をしたことは周知の事実だ。

この事は、天才ホーキングの中で、いくら科学技術が進もうともそれを扱う人間たちはただの人であり、人格が優秀であるわけではない、という前提の話となっているのだ。つまりホーキング自身が人格者でないことをも意味していたことになる。こうして、いみじくも天才科学者の人格が並であることが証明されたのである。

誤った教育の原点

ここからも分かるように、君が霊の向上を目指しているのなら、必要以上に知識偏重になることがあってはならない。知識は所詮、知識に過ぎず、内在する智慧たり得ないことを理解する必要がある。つまり知識とは、機械的なものに過ぎないということだ。深みなど何もない。といっても数式から導かれる知識は知識の域を超えているが、それは智慧と関わるからだ。

この学習期において君が学ぶことはあくまで単なる知識であり単なる技術である。だから逆に、そこでは純粋な知識欲に支配されているという言い方も出来る。好奇心いっぱいの時だ。どんどん学んでいった者の勝ちだ。ただし、呉々も知識を絶対的な存在と思い込まないことだ。いまや世の中は知識信仰真っ盛りで、すっかり心が見失われてしまった。そのお蔭で、ほんとに犯罪が増えた。幼い時から心について学ばなくなったからだ。教えるといったらせいぜい、肌色をなくしたり名前の呼び方を男女や年齢の別なく一様に「さん」付けにするといったことだけで、本来の道徳教育がまったくなされなくなってしまった。これでは、子どもはまともなおとなへと成長できる訳がないのである。

最後に学習期の二つの技を伝えよう。それは自分が学んでいるその知識や技術について、一緒に話せる相手を持つことである。そして、毎日のようにそのことについて会話し続けるのだ。そうすれば、この知識は生きたものとなる。さらに小旅行をお勧めする。ほんのそこまでの散歩でもいい。この時期の小旅行は知識を自分のものとしていく上において、何らかの力となっていくものである。特に自分が学んでいる知識や技術と関連する所への旅には大いに触発され、学びに意欲が出てくれるに違いない。

そして次の第5の統合期へと進むことが出来る。

自己アピールのとき

君は頑張ってかなりの知識や技術を身に付けることが出来た。そしたら次にやることは、それを他者に向かって発信することだ。自分なりに把握した内容を知らない人や後輩にレクチャーするときでもある。逆に言えば、そこまで出来るようにならなければ、君はこの第4期を正しく生きていることにはならない。ただ、学ぶことが面白いと言ってるだけではダメだ。それを自分のものとして、他者へと発表する必要がある。すでに語ったように、そこに哲学的要素は必要ない。単に知識を外に向かって発信すればよいのだ。あえて言えば、正しい知識と正しい技術を他者へと伝えていくことを意味する。

それはとりも直さず、コミュニケーションが発生することになる。この期間というのは、学習に専念すると同時に、その成果を外に向かってアピールしなければならない。それはどちらかというと、こちらから他者への一方的なコミュニケーションの場でもある。そのため相手からの否定的な態度とも出遭うことにもなり、そこにどの様に伝えれば良いかの「学習」課題が与えられるのである。この第4期は、第8期前後の「人間関係」とは異なるあくまで学習が目的化された課題を体験させられることになる。

また、この第4期の特徴には、人とのコミュニケーションだけではなく、記憶や自然や映画などから受け止める情報も含まれている。それは君の感性が問われていることでもある。第3期からの延長として、豊かな感性をさらに伸ばしていくことが次の発展へと繋がっていくのである。夜空の星々に向かって深い何かと語らってみるのも、君をさらに高めていくことになるということである。

円環《ループ》⑤

第5期 統合期

家　ルーツ　原点

ここまでの成長が個人の能力の発展であったのに対して、小休止させられる時期となる。個のアイデンティティから家族や先祖、あるいは地域や民族といった集団のアイデンティティが確立される時となる。自己を主張し周囲の人々から如何なる人物かを評された時期をスタートに、自分のもって生まれた才覚を発揮して経済力をつけ、才能にさらなる厚みを出すための知識や技術を身に付けながら、他者との比較を果たし闘ってきた君が、ここに来て、少しゆっくりしようとする期間である。そこは安らげる家である。

子どもの時の家は両親であったりもする。おとなになるとそれは家であると同時に、自分のルーツとしての先祖や出身地、生まれの地から民族の安住の地までを意味し、同時に精神が安らぐ場として、各個人の秘密の場が示されたりする。

それは誰も知らない自分だけの秘密の基地だったり、町から離れた小屋だったり、散策の路だったり、いつも通るステキな景色の場であることもある。誰も来ない小高い丘の上で一人じっと遠くを見詰めているその場も、君にとっての安らぎの場であるのは確かだ。

なぜこの時、いままでのガムシャラな日常から少し距離を置こうとするのかは、一つには疲れたからでもある。必死に生きてきたことで心身共に疲れた自分に、息抜きする場としての家への回帰であるのだ。

それまでのアクセクした生活から少し歩をゆるめて、自分の足元ルーツを確かめる作業の時期となる。それは、これからの未来に向けた自分探しの第一歩となる時でもある。この時期にきちんと家族を見詰め、自分の立脚点を確認しなかった者は、その後のステージで失敗することになる。

自分が拠って立つ大地を見詰め直すことから始める時である。そこには前期における敵との遭遇と無関係ではない。自分のアイデンティティを覆《くつがえ》さんとするその敵たちと戦い、何とか生き抜いてきた君が、ここに来て一服する時だ。暫く休憩する時である。それは自身のアイデンティティの再構築でもある。ずっと必死で戦ってきた現実から少し離れて、自分が何者であるかを確かめる時であるのだ。

君も子ども時代は大いに悩んだであろう。急に体が成長し、おとなへと変わっていく。小学生から中学生となり思春期真っ盛りの時は、両親や教師に対する反発が強くあった。何もかもが不満で許し難く、常にどこかに怒りがつきまとっていたものだ。それでいて、どこか感傷的で一人でいることに心地よい安らぎがあると同時に、一人に孤独を感じたものだ。「誰も自分のことを理解してくれない」、君は何度も一人そう口にした。あの声を誰も聴いていなかったと思っていたら、それは間違いだ。君の声はいつも聞こえていた。いつも悲しげだった。そして、時々怒っていた。異性のことで頭の中はいっぱいだった。勉強の成績が上がらなくて、やけくそになっていたこともある。教師の無神経、ただ進学のことしか話さないその学校の体質に対してガマンならなかった。そしてバカヤロー!!と叫んだこともあった…そんな時代は誰しもに訪れる。

おとなになった君には、この休憩の時はとても大事だ。自分の原点に立ち戻ることで「何か」安らぐからだ。自分の中の「何か」がホッとしているのが分かる。生きるっていうことが、ただ出世することだけではないということを魂の奥から感じる時だ。

うっかり好きな子でも出来た時には、大混乱が襲ってくる。愛するという言葉の意味が初めて理解できるようになるのもこの時だ。心が自分のパートナーを捜し始める。しかし、まだその時ではない。君はまだ充分に自分の家について理解していない。

統合されるとき

第5の時は、君という一個人と家族や先祖そして地域とが統合されるときである。君がそれらによって愛されていることを自覚する時である。そして、自分がそれらを愛していることに気付かされる時である。そこには不思議な安らぎがある。それはいずれそこから離れ旅立つ自分がいることを知りながら心に去来する光景でもある。この家族への帰属はいずれ別れなければならない無常の定めに対する諦めへと導くものであり、安らぎとは深い悲しみをも包摂していることを知っている。そのことを心の奥にじっとしまい込んだまま家を見詰めているのだ。

だからこの家からも自分が切り離される時、人は強い苦痛の中にその時を迎えなくてはならない。それはいずれ訪れてくる父と母の死であり別れであるのだ。その様な悲しみを意識の表面から消し去って、安心の部屋でひと眠りするのである。

だが、これらの統合に失敗すると不安が生じてくる。そして、その不安を誰も受け止められなければ人は反発し反抗する。それは時に激烈になり、手に負えなくなる。第5期の統合に失敗したからである。それまで穏やかだった人が突如として荒々しくなり、周囲は誰も理解できない修羅場が発生する。ほんの少しのボタンの掛け違いから、何年にもわたっての不満が堰を切ったように流れ出し、際限がないが如くに続くこともある。それは、一人立ちしようとする少年少女の叫びでもある。不安と自覚との葛藤の時でもあるのだ。

こうして君は葛藤という形で遂に君の霊性の開発へと立ち入ることになるのだ。それは実に大きな痛手から始まる場合もある。穏やかに進んでいく人は幸いだが、激しく襲われる人は実に厳しい現実の中で「何か」と出会うことになる。それは人の心の奥深くに棲《す》みつき、何かの折りに表へと出てくるようになる。君はこうして「何か」に気付き宿らすことになる。

それは「ジレンマ」だ！　君のあらゆる場面で君をイラ立たせ、君を正しい方向へと導こうとするジレンマであるのだ。その深い葛藤こそが君の人生に深みを与えることになる。この体験を持たぬ者は、今日もノーテンキにくったくのない笑い声を聞かせている。

この中で集団的歓《よろこ》びを自覚することが出来た者は、この苦しみからいち早く抜け出すことになる。しかし、いつまでもその苦しみが自分個人のものである限り、そこから抜け出すことが出来ない。君もその一人だったことを知っている。誰にも理解してもらえない人生のスナップ写真がある。その「時」を切り抜いたその写真は君の心の中にいまも大切にしまわれている。

別れのとき

統合に失敗した者には別れが待っている。家族との別れだ。訣別に近いかも知れない。結婚している者には離別という選択がやってくる。本来ならルーツとの上に自己を確立させ集団の中の自分、家族の愛に満たされた自分であるところが、切り離され訣別へとなるのだ。それまでの家族との関わりの欠如や亀裂が遂にここまで来て破綻するのである。

それまで無意識に育まれてきたはずの家族が、突然にして崩壊していくのだ。それは、ほんのわずかな家庭のひずみから始まっている。そこから長年にわたって水が浸み入り、遂に家を瓦解させるのである。それは長きにわたって続いた反発の力でもあるのだ。

ループを支えるこの第5のパワーにより統合に失敗した者は破壊されるのである。そこには夫と妻の先祖との戦いがあることもある。本来、家は婿の所に他家から嫁いでくる形で成立する。その場合の嫁は新たな家系の一員となり、夫を支えることになるのだが、今の時代はその様な意識を持つ女性が激減しているために、嫁は夫の家系と対立し、そこに先祖間の対立が生じ、夫妻が破綻する結果となるのである。今の時代、先祖の風習は無視されるようになり、男より女の方が力を持つ様になった。その結果として、嫁いだ先の先祖を大事にしない嫁が激増し、この種の統合もうまくいかない傾向にある。

その意味において、先祖を祀《まつ》る祖霊信仰はいまや風前の灯である。これでは、日本人は幸せになることは出来なくなるだろう。男女の力の差が明らかに女が上の時代となっているからだ。男の暴力はすぐにニュースとなるが、女の暴力はすべて無視されているからだ。その小言悪口の類は、夫の何十倍も妻の方からが多い。これでは破綻へ向かうしかない。

迷いが新たな道となる

こうして安らぎの時期であったものが、統合に失敗したものは戦いの場や別れの場となるという側面を持つ。なぜなら何事にも陰陽があり、うまくいく者とそうでない者の二通りが必ず生じるからである。だが、統合に失敗し、最悪の結果を導いてしまった者も、そのルーツについて深く掘り下げていくことが出来、その上に新たな自分を立脚することが出来た者は、新たな統合をそこに見出すことが出来ることになる。それは深く長い歴史の上に立つ自分というアイデンティティとして、個を再構築させることになる。

子どもの時、この統合に失敗すると故郷を失う方向へと向かうことになる。地元の人たちとの心の繋がりが消失し、大きな壁が生じてそれを壊すことが出来なくなるからである。その様な人は、一生かけてもその崩壊を元に戻せないことが多い。

それでもその人たちが統合できるのは、自分の心の中で相手との統合を成し得ることによる。それは個人としての成長であり、相手の存在とは関係なく自己完結としてそれは可能であるのだ。そうやって彼らは前に進むのである。その結果として、次のステージへと移り行くことになる。

静寂と安らぎの瞬間《とき》

この第5期は、君の精神にとってとても重要なところだ。誕生期にライフスタイルを新たとした君は、必死でその新たな自分の構築に邁進し他者の存在に圧倒されながらも頑張ってきた。知識や技術を必死で学んだ。そんな君がいまここでホッと息抜きするときであるのだ。特に、家族に問題が生じている君の場合はなおさらだ。一歩間違えれば、家族崩壊の危機を招くことになる。

そういうことも含めて、この時期、君は家族と向き合わされることになる。そして、解決した者はそのままに、出来なかった者は崩壊の形をもって、ルーツと向き合うことになるのである。誰しもに血というルーツがある。親族という集団がある。地域という愛着がある。国家という存在に関わる場所がある。海外に住む者たちにとってのルーツは母国ということになる。彼らのアイデンティティは移住先との間で常に揺れ続けるのである。

この時期、君は静かな時の中に沈み、自分だけの世界を掴み取らなければいけない。それは一生の間、君を支える部分でもある。精神のその奥に君を支えている血の繋がりがあることに気付かなくてはならないのだ。そしてその直系の中で、一人でも誰かが欠ければ君が存在しないことに改めて気付く必要がある。その時から君は、先祖に対して心を向ける習慣を持つことになる。その心を持った時点から明らかに先祖の庇護が君にあることを自覚するようになる。

すなわち、霊的系譜が万年の歴史と共に自分の肉体の中にあるのだということに気付かなくてはならないのである。そのことにより、君はそれまでより強く守られるようになるのだ。君はそこに霊の安息を覚えるようになる。ここは第9期の宗教性の基本となる霊の原点である。君はここで深い自己と出遇わなくてはならない。そして真に安心を獲得しなくてはならないのだ。〈自分〉という原点を深く掴んだ者だけが、次の第6期 解放期において真に心身を自分の性命のために復活させることが出来るのである。

円環《ループ》⑥

第6期 解放期

ワクワクドキドキするとき

第5期で家族との絆を思い先祖との繋がりを通して一つの安心感を味わった君は、それを卒業した後には、またパワーが蘇り外の世界へ向かって突き進みたくなってくる。それは他者の眼差しなどまったく気にしない、心の内側から出てくる楽しい感情である。

第6期の解放期は、とにかく意欲が湧いている状態で、自分が興味あることなら、何でもやりたくなるときだ。他人の意見なんか聞く気なんかさらさらない。自分の世界をめいっぱい楽しもうとするのが、この時期の君である。人生で一番楽しい時といえるだろう。

それは何だっていい。君が興味があることなら何でもいいのだ。芸術でも商売を始めるでも、ダンスやカラオケにはまるでも、ゲームに没頭するでも、スポーツでも、勉強でも、そして恋愛でも何でも良いから、自分がやりたい事をやる時である。世界一周の旅に出て、スッカラカンになって帰国することだって楽しくてたまらない人にはこれ以上の幸せはない。

このステージの特徴は他人の眼をまったく気にしないことである。自分が興味があること、ワクワクすることに、全力投球する時なのだ。そこには得も言われぬ喜びがある。前期において心の内側に閉じ込められていた自分が、満を持して外の世界へと飛び出していくイメージである。そして自分の興味があるものワクワクするものに次から次へとはまっていく、ということになる。これは第5期において充分な休息を取った人ほど、満足する解放期を迎えることになるのである。だから前期で統合に失敗した人には、こでのワクワクは生じないままで、未消化のまま時だけが過ぎていくことになる。

このワクワク感は各人に強い劇的衝動を与え、その対象へとのめり込むことになる。のめり込みそのものとなればなるほど充実感を覚え、精神が満足するのが自覚される。この満足感を得るか得ないかが今後の人生を決定する程の力となる。そのパワーは正に劇的である。この期間を正しくクリア出来た人は大きな満足と共に次なる仕事の充実へと向かうことになるのである。

病気を回避する力

さらに重要なことは、この時期の満足は次の第7期ステージでの病気の可能性をすべて無くしてしまう力を持っていることである。厳密には前期の第5期における原点回帰が人に安心を与え、その霊譜《れいふ》に支えられた安らぎがその人を蘇らせていたことから、病気の回復は始まっているのだ。この時の原点への依拠こそが自分の核を見出すことになり、それによりそれまでの不安や恐怖を取り除き、自信へと変えてくれたものであるのだ。

そこで、充分にエネルギーを養い身に付けた者が第6期に移行した時、爆発的な興奮を体験することに

なるのである。それは人生の大きな力となるものである。しかも重要なことは、この充実感は、人の中にあった一切の不安や病を吹き飛ばしてくれることである。その結果、喜び事は実に喜び事として実現していくことになる。

自分が望んだことは次々と挑戦でき、それぞれに満足のいく結果を導くのである。しかも、この衝動には義務や責任が伴っていないために、いつも自由で明るくのびのびとしているという特徴を持つ。だから何も怖いものなしの状態なのである。

そして、その事は、もっと重要な意味を持ってくるのである。それは後半の各ステージでの充実と健康の維持を意味するからである。特に壮年期以降の人にとっては決定的とも言える結果の違いを導くことになる。だからこそ、この6期の解放期は、誰よりも楽しく充実していなければならないのだ。決して何かに縛られることがあってはならない。

これを一般的な言葉で言えばリフレッシュ期間ということが出来る。しかしそれと決定的に異なるのは、ゆったりとした時間を過ごす時ではないということだ。とにかくこの時期の君は意欲的でイキイキしているはずだ。そして果敢に新しいものや今までたっぷりとやりたいと思っていたことにハマってしまうのである。その意味ではギャンブルにはまってしまう人もいる。

この人の場合は、単なる遊びの域の範囲内ならいいのだが、必ずハマってしまって抜き差しならぬところにきて破綻するから注意しなくてはならない。お遊びレベルで満足するのならいいが、正にギャンブルとなると明らかなルール違反というか、この時期の正しい方向性ではなくなってしまうから大いに注意しなくてはならない。

あくまでここで夢中になるのは、世間が評価する類の範疇であることが望まれる。しかし、どうしてもそこからはみ出し、収拾がつかなくなってしまう人たちが出ることも確かなのだ。この人たちは前期のルーツのところで、霊的な繋がりに何らかの誤った影響を受けたと考えられるのだ。この前期において充実していなければ、この解放期においてここまではまらないからである。その意味では、前期においてある意味統合には成功したが、よろしくない因縁との関わりが生じた可能性があるのだ。

ピュアな恋愛体験

そして、この第6期において一番の目玉は恋愛体験である。と言っても決して結婚の意味ではない。あくまで責任を持つことのない恋愛体験である。ただし、かなりの人が一方的な片想いということがあるので必ずしも成就するとは限らないから、ぬか喜びをしないように。

この解放期は、自分のことばかりに意識が行き他人のことなど眼中にないというか、ただの自分のお飾り程度のものでしかない。自分が楽しむための道具の一つに過ぎない存在である。だから、相手の気持ちなどお構いなしに、相手にコクるのもお手のものだ。それによって相手が正しく自分にイエスの反応をしてくれなければ、そんなことは有り得ないと大不満感が出現する。躍動感が強ければ強いほど、この感情は強く反応することになる。そのあとすぐに別な異性に向くのか、その相手にしつこく言い続けるのかは、各人の資質の違いということになる。

何であれ、この時期の一番のアクションは恋愛ということになる。良き因縁をもっている人はその恋が成就するだろうし、そうでない人は実らないままに悶々とすることになる。人間性に問題があるときには、それが怒りとなることもあるので注意しなければならない。そうなった時にはこの時期の修行ゲームの課題は失敗ということになってしまうからだ。

この解放期は心が先走るとは言え、決して常識を越えた悪事へと繋がることがあってはならない。その場合には、悪因を作ることになり後の災いへ繋がることとなる。もしコクって断られた時には、静かに数日間一人落ち込むだけである。そうして、別な楽しみへと移行することが大事だ。次の恋愛対象へと移行する人は多い。この時期は恋愛成就の時であるので、他の時期よりもそれらのことが生じやすい。

もちろん他のことにより興味を持つ人たちは恋愛に陥ることなく趣味などに没頭するという流れになる。大事なポイントは、人生には休憩が必要であるということである。そして、更に休息だけではなく喜びが必要だということである。こうして心身共にバランスを取り戻すことが出来るのである。

それは、数年単位で生じてくるこの変化だけに限らず、一日の中に出現することもある。何より霊的な進化として何百年単位、何千年単位、何万年単位で移り行く時、すなわち霊的にループしていく世界があるということである。重要なことは、この時期は心底から自分を解放し楽しまなければならないということである。

自己表現に普遍性はない

自己満足の中で情熱を感じ、一人満足している人の芸術やパフォーマンスは、同質の人には受け入れられるけれども、一般化することはなく、他者からの共鳴は得にくい特徴もある。それは第5期における家や霊の系譜があくまでも個人のものであり、万民のものではないために、第6期に入ったパフォーマンスも自分の殻から抜け出すことがなく、そこに普遍性を演出するまでに成熟していないためである。それは所詮、マイナーな感性の表現でしかなかったということだ。この様に、この時期の満足は極めて個人的であり万民的ではない。

自己表現方法としての情熱はあるが個人的域を出ることがない。テレビなどでも創作ダンスなどが上演されるが、見ているこちら側にまったく響かないものというのがよくある。正にそれと同じである。また、今の日本映画が世界に受けないというのも、狭い郷土観たっぷりの暗い映像に世界が共鳴しないことに起因する。その様な個人的な表現としての芸術の場合には相手に共鳴を与えないというジレンマを体験する。

しかし、第6期の課題は自己演出なのであって、そこに迸《ほとばし》るほどの思いがあればそれはすべて正しいのである。もちろんそれは第6期の実修として正しいのであって、その後に問われていく人格の形成といった意味においては正しいわけではない。しかし、それぞれの時期にはそれぞれの負荷が与えられているのであって、深刻に拘る必要はない。要はワクワクする情熱がそこに顕われ、それに没頭して心身の解放をなすことこそが、この第6期の課題なのである。それはあくまで主観的情熱であり、他者の思惑とか気にしないところに、幼児に通ずる純粋性を発揮し、それが心身を健全へと回復させることになるのである。

この自己表現こそが個の自由解放であることを君も認識する必要がある。精神も肉体も常に抑圧され続けており、特に精神のそれは限度を超えてもいる。それだけにいかに自己表現できるかが問われているのだ。今どきの人たちがユーチューバーを目指すのもこの原理によるものなのである。しかし、彼らにはこの自己表現が前期にも後期にも繋がっていることが理解されることはない。それ故、そのままでは彼らは第6期にとどまり先のステージに行けないことになり、破綻するのである。

病が襲うこともある

この第6期は本来、病とは関係ない。しかし、第2期から5期において正しくステージをクリア出来ていない人には大きな災難が襲うこともある。特に第5期が重要だ。というのもこの時期はストレスが限界に来ているからだ。この第6期の解放はそれまでの心身のストレスから自分の魂を解放することを意味しているのだ。つまり、第5期で統合に失敗し、すでにこの時点でそのストレスが限界を超えてしまっている場合には心身が崩壊する。

誕生期から始まった社会に対して自分を押し出していく個の確立は並大抵のことではない。日々そのストレスが溜まっており、通常ならその時々で多少の発散がなされているのだが、それがうまく出来なかった人の場合には、この第6期の解放期まで持ち堪《こた》えられず病が噴出することがあるのだ。そういう意味では、ストレスが頂点に来るこの時期の病は、本来ならワクワクする時期であるにもかかわらず、他のステージと比べ却って重い災いとなるところがあるのだ。このことからも理解できるように、どのステージに居ようとも、ちょっとした息抜きを怠ってはならない。各ステージにおいてそれなりの満足感や自分を褒めてあげることも大切な仕事の一つなのである。

同様のことは、第12期にも生じやすいので注意しなくてはならない。

円環《ループ》⑦

第7期

仕事期

挑戦と不安

いよいよ円環の後半に入る。前半までが自分のことを考えていれば何とかなってきたものが、ここからはそうはいかなくなる。常に他者との強い関わりが出てくるからである。それはかなりの勇気と気合が必要で、第6期の楽しんでいる感覚だけでは誰からも相手にされない世界へと突入する。

第6期は只、自分の思いのままに生きていれば良かった。そこに純粋な情熱があれば何をやっても許されるものがあった。その意味でどこまでも自分流であり、わが儘好き勝手が許されたのだが、ここに来て、君はかなり不安に襲われるようになる。

それは親元を離れ、友人とも別れて、独り知らない会社に就職し仕事へ挑戦するという段階である。周りは皆、能力ある先輩たちだらけで、誰一人味方がいない状態だ。君はそんな中とても強い不安に襲われてすっかり自信を失いかけているというのが、このステージである。

前期の時は、自分の思い込みだけでやっていけたのが、この第7期になると一気に他者の厳しい目との対峙が求められてくるのだ。自分の仕事に対し、目の前の全員からダメ出しをされるというのが、この第7期に入った時の状態である。君は第6期の時に調子に乗り過ぎて、自信過剰になっていたかも知れない。そしていよいよ社会人になってみると、学生時代とは大違い。何一つ自分は出来ない様な不安へと陥ってしまう。

この時は、毎日が疲れ果てて、アパートに帰ったらグッタリの状態が続いている。誰も自分を助けてくれる者がいない中で、必死で模索しながら自分の居場所を確保しようとしている状態だ。思わず涙が流れてくる人もいる。しかし、何とかこれをやりこなさなくては、と必死で仕事へと向かっていくのだ。君もその一人だ。中には、その現場に耐えられず、就職後三カ月もしないで退職してしまう人も出てくるほどだ。学生時代、もう少し客観的に物を見る訓練をしておけば良かったのだが、自信満々の君は遊びまくってた。

エッ！　勉強してたって⁉　それは大いに結構だ。ところが問題は、自分だけの勉強をしていたということである。就職することを前提として勉強はしてなかったということだ。だから就職したものの、あんなに学校の勉強はしてたのに、まったく会社では使いものにならない知識だったってわけだ。せめて就職前にはもっと会社の業務について事前に徹底的に調べておくべきだったね。エッ「時間がなかった！」って。卒論でそれどころじゃなかったって？　そこが学生ってところだ。

さて、そういうわけで、意志の弱いヤツはやられてしまう。母親に可愛い可愛い、で育てられたバカ息子もバカ娘もここにきて大苦戦だ。現実の厳しさに逃げ出したくなるのがこの第7期だ。しかし君みたいに必死で耐えながら、先輩に頭下げて色々教わってるヤツは立派だ。その調子で分からないことは訊けばいい。そして仲間にしてもらうことだ。

そうすればだんだんと要領がわかってくるというものだ。誰だって最初は皆、君と同じように自信を失い、会社の足を引っ張ってるんじゃないかと悩み、給料泥棒と呼ばれた折にはまともに上司の顔が見れない始末だ。しかし、実は皆この時期を通り過ぎてきたのだ。君だけじゃない。誰もが同じ様に自信を失い、

周囲の厳しい眼にたじろぎ、時には頭にも来て、週末にはグッタリ疲れ果ててたってわけだ。若かったからよかったたな。年をとってからじゃ体がもたない。

責任と自己犠牲

君はまじめな青年だから仕事は一所懸命頑張ることは知っている。しかし、自分に厳しいところがあるから、これじゃダメ、これでもダメ、と自分を追い込んではいないか。それはそれは立派な心掛けではあるが、追いつめが過剰になってしまうと、精神のバランスが維持できなくなってしまうから、限度を越えて無理してはいけない。何事も限度がある。

自分の能力を認めてもらいたいと思う君は、何とか成果を出したいと家に帰ってまで仕事をしていたりするんだが、ほどほどにだ。どこかで張りつめた糸がプツンと切れたらそれでお終いだ。とはいえ、評価されないままでは情けないし、悔しくもある。だから献身的に会社のために働いているんだが、それは周りは見ているから、きっとどこかで評価してくれるようになる。そうして、知恵を出して頑張っていると、君はだんだんと実力を身に付けていくことになる。就職間際のころと違って、一年もすると随分と仕事をこなすようになる。

先輩たちの仕事を盗むようにしてノウハウを身に付けているうちに、周りから「よくやってるぞ!」と褒められるようになる。初めて声をかけてもらった時は、心の中で「ヨシッ　ヤッタァー！」と叫んだものだ。皆そうして成長する。

日本人を演じている君は、会社の犠牲になることを当然と思っているところがある。もちろん昭和世代の様な凄味はないが、平成世代なりに仕事に責任を感じている。この期間というのは、もともとが自信のなさや不安からのスタートなので、それを補うための努力を必死でやり続けることになる。だから退社時間が過ぎても、仕事が終わっていないと言って帰ろうとしない。やっと終わったのが九時だ。それからあわてて退社して近くの店でメシ食って、いよいよ帰宅ってわけだ。

そんな日々が二年も続いていると、「おう、いいじゃないか！」と言われるようになり、やっと自分の居場所が出来た自信が出てくることになる。これがこの第7期の成長というやつである。君が真面目に努力すること。苦しい状況から逃げないで献身的に働くことが求められる。そして、それに堂々と打ち勝った君には称賛が与えられるようになる。よく頑張った！　これで第7ゲームはクリアだ。

ここは個としての最終調整の時期だ。わが儘勝手なまだ子どもの人格が、必死で頑張って実力を付けていき一人前になっていく過程である。その中で子どもからおとなへと脱皮するステージである。実力で這い上がっていくストーリーが展開する。君はこのステージに再びと登場し、再びと挑戦していくというわけである。この様にしてループは重ねられていくのだ。

この第7期にはそれまでのわが儘を通してきた自分への反省がある。努力が足りなかったことへの反省もある。そこを出発点として社会に対する責任を果たそうと立ち上がるステージであるのだ。労働のステージであり、ひたすら働くことがこの時期の君の姿となる。義務と責任、そして奉仕の精神の中で君は使命感に燃えて頑張るのだ。

その姿は、修行僧の様でもある。他者への気配りを学ぶときでもある。

意味を持たない労働

成長に失敗した人は、与えられた仕事をこなすだけの意欲も創造性も欠けた状態を続けている傾向を示す。この人は努力が不足しており、逃げた人でもある。この人間は第7期をクリアすることなくその期間を経ていき、次の第8期に停滞を招かせることになる。これがループの恐ろしいところだ。しかも、この人物は前回も同様に怠けて逃げたためにクリア出来なかった。

かくして、手抜きした者はステージを下げて一度経過してきた下のレベルの第8期へと移行することになる。この次元をクリアするまで、何度も何度もこれが繰り返されるのだ。この様に意味が出てこない労働を繰り返す者はこの世に必要ない者へと変わっていく。それは実に恐ろしいことであるのだが、当の本人だけはその事にまったく気付けないのである。

この「ゲーム」には、当の本人だけは気付けないという特徴がある。傍から見ていると次はどうすればいいか分かるのだが、本人だけはそれが分からない。怠ける心がそれを見ようとしないからだ。誰もにそれぞれの見えない事柄がある。本人以外には皆見えているのに、本人には見えないのだ。そしてそのステージを何度も何度も飽きること無く繰り返すのである。

そして今日もダラダラと言われただけの仕事しかしない。自分から使命感を持ったり責任感をもって、積極的に仕事をしないのである。コイツはゲームオーバーだ。

一方で、その逆のパターンもある。頑張りすぎて限界に達してしまうパターンである。誠実で責任感が強い人は上司から言われる以上に一所懸命働くことを当然と思ってしまう。その結果、無理をする日が続き、自分を見失うほどに疲れ果てて、遂には気力までもを失ってしまうパターンだ。この人の場合は自己犠牲が前提であるために、その限度さえ心得ることが出来れば、立派な成果を出すことになる。

バランスを壊したとは言え、犠牲的行動を選択したことは、この人物の霊的ステージが上がったことを意味し、その心身の正常への復帰と共に次元上昇し、一つ上の第8期へと進むことになる。これがループにおける一つの法則性である。通常の螺旋階段状の永遠に続く円環上で、人の進化に伴い飛び級することが許されている。もちろん、その逆に下に落ちる者もいる。

このステージで問われるのは仕事への誠実さである。それは社会を構成する一員としての義務であるからだ。努力が足りない人は周囲から激しい叱責を受けることになる。このことからも分かるように、霊的進化は人に責任を果たすことを求めているのである。努力しない者を嫌うのである。この霊的進化の厳則を通して、その背後に何らかの〈意志〉が存在することに気付くことになる。

健康の悪化

第6期を充分に楽しく過ごすことなく第7期に入った者は、すでにその時点で病気を誘発させる因子をもっているのだが、この第7ステージに入ると仕事への奉仕が半ば強要されることで、心身を酷使することで、病へと転化していくことになる。結果として、この時期に病が出て入院といった事態が生じることがある。他の期でも病気は出るのだが、ここの特徴は仕事絡みの病ということであるから、仕事の重圧をうまく処理できれば、病気も緩和されることを意味している。

ここでは生活習慣の改善やコツコツまじめに働くことで、ステージをクリア出来ることとなる。献身奉仕までいけば一ランクステージが上がるというわけだ。君も忘れずにこの仕組みを覚えておくといい。そうすれば、ループを二段飛び出来るようになるかも知れない。その数段飛びに相当するのが、〈瞑想〉や〈葛藤〉の修行ということになる。自宅にいながらにして、いくらでも霊性は高められることを君も知っておくべきだ。

円環《ループ》⑧

第8期

結婚期

対人関係

このステージは君の対人関係がテーマになる。いかにスムースな対人関係を築いていくかが今回の課題ということだ。広く浅く多くの人たちと関わることでもある。しかし、何と言っても一番の問題は、他者からの批判に晒されることである。上司や世間から君は間違っていると指摘されることが急に増える時期となる。そのために君は周囲の人たちの反応を見ながら、彼らが何を望んでいるのかを読み取り、それに合わせて自分を変えていく努力が要求されることになる。

その中で、他者と協力して結果を出していくようになれば、周囲からだんだんと認められ、批判も収まるようになる。一歩間違えれば重要な関係を失うことにもなるので、誠実に対応していくことの課題が与えられることになる。

小さい頃から誰しも他と違うからという理由で何らかの差別や揶揄された経験がある。それを通し自分と他者との価値観の差に気付かされることになり、いかにしてこの違う人たちの中で、自己確立すればよいのかという課題が生じる。こうして、自分が他者の基準の中に組み入れられるという段階に来る。それは社会の常識を身に付けるという意味と同時に、自分の個性の否定をも意味する。何であれ、社会へと受け入れられる過程こそがこのステージそのものといえるだろう。

つまり、他者の眼を自分の中に取り入れることであり、自分の狭い価値観から客観的価値観へと移り行くことを意味する。社会人として通用する人間となるということだ。学生のままでは通用しないことは山とあるから、君もこのことは分かるだろう。最近は若者たちの集団力がとても強くなっており、ラインなどで情報交換が出来、自分の会社の批判や上司の批判をすることで全世界から擁護者や同調者が何千何万と出現する。そのため社会へと受け入れてもらうという発想が欠落しかけているようにも見えるが、このループの法則からは、自己主張だけをやり続けていると無限ループの中で際限なく下降していくことになりかねない。

社会的個性の誕生

この時期を迎えた時には、周囲に合わせることを学ばされる。しかしそれは、君らが言うところの「空気を読む」とは少し違うものだ。君らの空気を読むは個人的なものだが、ここで言ってるのはもっと社会的なものだ。

おとなと若者の違いというのは、ここの所ということも出来る。子どもは空気を読むことなく自分の好きなことをしてしまうが、おとなは自分を犠牲にすることを学んでいる。そして、おとなの対応というのを行なうわけである。それが正しいかどうかは別として、その様な協調性は社会を営む上で、殺し合いを防ぐためのルールとして何万年も前から人類が身に付けてきたものである。

子どもの間はいいが、おとなになっても個人の価値基準だけで生きている者は、社会規範に反した者ということになり、その社会からはじき出されることになる。だから人は子どもの時から親に躾を身に付けさせられるのだが、躾が身に付いていない若者はおとな社会では相手にされない。それどころか、批判の対象となってしまう。そのまま、おとなになってしまった「おとな」が、いまやゴロゴロしている。

そこで社会の中で自分が認められ受け入れられていくために「相手に合わせる」訓練が始まるというわけである。いまどきの若い人には少し慣れていないことかも知れない。しかし、この種の心理改善は集団の社会行動の中では動物レベルでも実行されていて、その意味では人間が出来ないということになると、かなりの問題となる。

自分を相手に受け入れてもらうためには、先ず自分が相手を受け入れなければならない。それが基本である。相手が自分を認めればこっちも認めてやるでは余りにケンカ腰で、こんな傲慢な態度では社会と調和することは出来ない。


一章において〈私〉について語ったが、君はちゃんと理解できていると信じている。そこでその〈私〉がいかに出現するのかを述べているが覚えているだろうか。つまり〈他者〉が出現することで〈私〉も出現するのだと述べている。そして〈私〉とは〈他者〉に支配された存在なのだと君に言った。

ここに現われてくるところの君にとっての常識こそが〈他者〉であり、その常識に縛られている君こそが〈私〉なのだ。この第8期においては、君は〈私〉をご丁寧に作り上げるための作業をさせられることになるというわけだ。つまりこれは何を意味しているかというと、このループそのものが迷いそのものであることを示唆しているということである。その事に君が気付ければ、君はやっぱり凄い才能を持っているってことになる。

そういうわけで、このステージでは第7期までの自分自分という意識が、いよいよ第8期で〈他者〉に支配されるまでになってきたというわけだ。こういうと、「じゃあ、第8期より第7期の方がレベルが上だったってことだね」と君は言い出しそうだが、そうじゃない。

その前の君の個人的な我は単に自分中心にすぎず、そこには犠牲の精神がまったく見受けられない。葛藤も弱い。それに比べると第8期からは葛藤だらけだ。つまり、それだけ霊性の向上には役立つということになる。というわけで、君はここで他者との受け入れ合戦を始めることになる。さあ、どっちが早く相手を受け入れてしまうか競争ってわけだ。

パートナーの出現

こうやって社会的自我を形成させていくことで社会の常識を身に付けていくことになり、その過程で、人間関係の延長として恋愛が出現してくることになる。第6期における恋愛は、楽しいだけの、時に片想いの恋に恋する子どものような類であったが、ここでの恋は結婚へと繋がっていく相思相愛のものとなる。

そこには正に人間関係の精華が試されることになるわけで、それ以前に充分な訓練がなされていない人は、苦労して結婚までの道筋を歩んでいくことになる。お互いに相手の立場になることを学ばされる。そして、いよいよ人間関係の機微を深く学ぶことになる。

それは欧米文化において、少年少女が十六歳になって初めて社交界にデビューするのに似ている。最初はぎこちなく会話もままならない二人が、だんだんと打ち解け、世間話をし、おとなとしての振る舞いを真似ることでおとなへの儀式を通過するのである。

パートナーにはより深い意味が暗示されている。それは〈他者〉であると同時に〈私〉でもあるという不思議な存在として出現しているということである。最初はお互いに〈他者〉の関係にあるが、深い情が交わされるようになると〈他者〉は〈私〉の中に吸収されるようになる。

それは〈私〉にとっての恋人の〈他者〉は〈私〉と同一のものと考えられるようになり、〈他者〉側からも〈私〉のことを同一のものと認識される様になるのである。それは〈私〉と〈他者〉が意識の上において一つとなったことを意味する。

その事は結婚という儀式においてより明確に示されることになり、二人は名実共に晴れて夫婦となるわけである。この事はお互いが一方を支配し続けることを意味し、支配者は二人存在し、被支配者も二人存在することになる。つまり、夫婦は支配者であると同時に支配される関係にあり、夫婦というものの存在性が他との関係とは大きく異なることを意味するのである。

その意味において、一方が他者を完全に支配する構造は夫婦として成立しておらず、これは主人と奴隷の関係ということになる。つまり、ここにおいて結婚した二人は、自分を完全に一方の支配下に置くという意識の拡大を身に付けるのである。それはそれまでの他者との間の常識を身に付けるというのとはまったく違っている。常識の場合は、他者に合わせているだけで本気で支配されることを望んではおらず、むしろ拒絶の中で一つの通過儀礼として常識を身に付ける形式的人間関係が築かれるのである。それに対して夫婦となった二人の関係は実に高い精神性を示すのである。

ところが実際の夫婦は、すぐにお互いの欠点を指摘し合うようになり、〈私〉と〈他者〉という一般的関係へと退化してしまうことになるのだ。せっかく高い精神を手に入れたにも拘わらず、アッという間にその関係が崩壊するのはまことに惜しい限りだ。

だからって君もそうなるとは限らないのだから、いい人が現われたら結婚し子育てをしてみることだ。多くのことを学ぶだろう。楽しいことだけでなく辛いことも多く学ぶことになる。こうやって人は成長するのだ。それにしても結婚の失敗は限度を超えている。人間は結婚からはなんにも学んでないということだろうか。

同一化の功罪

実はこの第8期は、他者との〈同一化〉が課題のステージでもある。それは普段には「共感」という言葉で表現されることもある。日本の恋人同士の場合は多くは女性の方が男性への同一化を図る傾向にあり、みるみる恋する女性は見た目が大変身してしまう。異性の好みにすべてを合わせた女性は、髪型も服のセンスも歩き方や話し方まで変わってしまうことがある。これは女性の方が一方的に男性への同一化を図っているのであって、男性から同一化が図られているわけではない。

しかし、こういうカップルも結婚すると女性が支配者となり男性は恐妻家となるなんてケースも珍しくはない。なんであれ、同一化の究極は天国を意味するのだから、究極の人間社会のモデルの一つということが出来るだろうが、どちらか一方が奴隷になる関係は同一とは言わない。

その様な関係における一方的同一すなわち奴隷化はスターとファンとの関係にも見られ、奴隷の方には〈私〉すらも見出されず、当然のことながら〈自分〉に辿り着けることは完全に絶たれた状態である。この様な存在はハイデガー的には非存在であり、存在の意義が失われており、いずれ神からも見捨てられる〈もの〉ということになるから注意しなくてはならない。〈私〉の支配者でない限り、その存在に価値は見出されないということを、君も忘れないでほしい。

とは言え、この時期に同一化を失敗すると、拒絶へと傾くことがあるので注意をしなくてはならない。誰とも関わることが出来なくなるからだ。友だちとも話をすることが出来なくなり、孤独へと陥ることになる。それは、君が過度に自分の感性を他者に押し付けたことを意味する。他者からの強い反発からの心の内側への逃避行動でもある。

つまり、ここでは他者への共感が課題となっているのだ。すなわち、自分の考えを横に置いて相手の考えを先ずはきちんと聞かなくてはならないということである。この時に、自分の考えだけを相手に強要しようとすると強い拒絶に遭うことになる。それを避ける意味でも、相手の心に寄り添う姿勢が課題となっているのだ。

円環《ループ》⑨

第9期

成熟期

融合

第八期が若い夫婦の関係なら、こちらは成熟した夫婦の関係になる。精神的により深い関係であり、そこには融合したイメージの世界が展開する。時間的流れとして、第8期において知り合った人たちとのより深い関係が築かれるようになる。それは結束という表現が当てはまるような強い関係性を示すものである。第8期の人間関係が浅い付き合いならば、第9期の関係はとても深く強い関係として結ばれていくことになる。

その典型的な関係は「忠臣蔵」で有名な赤穂の四十七浪士の血の結束のイメージである。夫婦関係は裏も表もすべて知り尽くした二人がさらに強い絆で結ばれているもので、それは一体のものであり正に融合している。

君の様にまだ若いとこんなことを言ってもピンとこないかも知れない。好きな人も何人も出てくるのが君たちの年齢だから、そんな深入りなんか出来ないだろう。深入りしたつもりでも、何かの拍子に簡単に別れてしまうからなあ。女の子が「元カレ」なんて言ってるのを聞いてるとちょっと驚くが、そんな時代だから、ここにいう濃密な関係性は君ら的には「重い」ってところかな。

今まで順調にステージをクリアしてきた君も、ここばかりはムリかもしれないな。きっと考えが及ばないだろう。結合や融合や赤穂浪士だって急に言われても、ちょっと迷惑だな。しかし、ここをクリアしないと次には進めない。進めないいってことは、一つ前の下に落ちるってことだ。まあ仕方ないか。ここまでついてこれただけ大したもんだ。

君が理解できない世界だったとしても、ここは少し話しておかなくてはいけない。この人間関係は君が言うように少し重い。エッ、少しじゃないって⁉　確かにそうだ。かなり重い。何せ命まで懸けてるんだからなあ。「逃れられない関係」にある。

従順と同調

第7期で他者の厳しい眼差しの前に不安や焦りや自信喪失が訪れた君も何とか実力を身に付けて先輩上司たちからの評価を得るに到り、個人的な自我の完成を見るに到った。そして第8期で社会へ溶け込む努力をさせられ、第7期までに作り上げた自我を半ば捨てながら、社会的自我を手に入れるために相手に合わせることを学習させられたわけだ。そして今回は、いままでの人間関係の中から特別な夫婦関係や特別な思いの関係者との決定的とも言える強くて深い絆の獲得がテーマとなる。

犯罪心理学において拉致された被害者たちが加害者と何日も会話を続けているうちに同調していき、遂には犯罪者に対し刑事訴訟を起こさない、それどころか同情し救済しようとする心理について語っているが、正にこの第9期にはそういった一体感が有される。それは濃厚にして通常そう簡単には人が立ち入る世界ではない。ところが円環の中で、人は皆同様に同じ期間この第9期に入り込み、この深い絆、拘束とに縛られるのである。

それは、この第9期には霊の根幹に触れる要素が宿っているからだ。それは死と霊的感応と生殖本能の強い力である。これが人間間《かん》における関係に強烈な圧をかけ、その思いを特別なものとして浄化してしまうのである。その結果、人の思いは力となり、人の言語は力となり、人の行動は力となり、人々の結束は力となり、生の中に死を包み込み、見えざる強烈な本能の衝動に支配されていくのである。

その結果、その魂は浄化され、純粋な思いとなって人を深い関係へと導くのである。それは恰も恋人が語る愛の言葉のようでもあるが、それ以上に本能的で霊的な力として、人に関わってくるのである。第1期の渾沌がその中に霊を抱き、霊の中に渾沌が抱かれているのに対し、この9期はその霊そのものが実際的なエネルギーとなって人に関与しているというものである。

それが第9期の働きである。この力の強い影響を受けると宗教や政治などへの共鳴が起こり、彼らが信じるものへと突き進むのである。それが健全な形で作用すれば良いが、そうでない場合には明らかに誤ったとしか思えない方向へと結束していく者たちが出ることになる。

この期間は死が背後にいて生殖と霊とに力を与えているのだ。だから誰も抗することが出来ない程の力を発揮することになる。とは言え、この期間に入ると誰も彼もがどこかの政治団体や何かの組織や宗教やファンクラブなどに入るということではない。なんであれ、この時には人の心はより精神的となり、人によっては霊的神秘性に目覚めるということが出来る。それは自身の内なる世界を覗きこむ作業でもある。

こうやって最後に再びとやってくる第1期の渾沌へとその準備をしていくのである。

この世界は他の期間と違い、かなり濃厚な時であり、思いの一つ一つに言葉の一つ一つに、重い何かがある。それは人生におけるある種の情熱であり、達観であり、また諦めでもあり、変革の意識として作用しているものでもである。

この実修の目的としているのは、いままで同様に自我の成長であることは変わらない。それは第8期において個人的自我を捨てて社会的自我へと置き替えたように、自我意識の限界を打ち破ろうとする衝動であるということが出来る。それは「死」に対する「生」の観念であり、生の裏に死が、死の裏に生があることのその実態性を明らかにせんとしたものでもある。それは情念として性的力として人を支配する。そして、第8期で手に入れた社会の常識を再びと全否定するのである。そして、魂の叫びとして、この人間存在を明かそうとするのである。そこに介在するのが自分であり他者であるのだ。

要するに、深い絆の人間関係が生まれることを意味している。ここでは、命を懸けたと言ってもいいくらいの本気の言葉が語られ、融合という新たな善果を導こうとするものである。

集団のパワー

この時期は自分がどこに所属していようとも、その組織の中で集団として一致団結して何かの行動を為すという意味合いがある、それは何かのイベントだったり、映画人の酒を交わす集いやコミケの集団としての結束だったりする。そして彼らの集団としての意識が、この第9期の一つの衝動として作用するのである。それはつまり、個人的自我と社会的自我を破壊し、根源的自我として、その精神が共鳴する者たちによる魂の叫びがここに現われるのである。

言い換えるならば、「情熱」と言うことが出来る。この情熱を自分のものとすることがこの期間の課題ということが出来る。個人の小さな自我でもなく社会という漠とした自我でもなく、目の前に露《あらわ》れる集団の力としての情熱が語られているのだ。そして重要なことは相手へ影響を与えることだ。つまりこれは課題としてあるということである。相手を支配しそれにより自分の存在を確認するというこの意識は〈私〉と〈他者〉の関係からはまったく抜け出してはいない。しかしその本質は、支配ではなく融合なのである。

この背景には自我の拡大がテーゼとしてある。そこには無償の愛までもが示されていることを忘れてはならない。そしてその愛を手にしながら、只管《ひたすら》に正しいものを求めているのが、この第9期なのである。先人の業績や遺産を受け継ぎ、それを次の世代に伝える役目としても存在するのである。それは一人より集団の形をとった方が残しやすい、継承しやすいという面もあるかも知れない。

その一つに財の意味がある。不動産のような形の財を意味している。なお、この時期には経済的問題が出たりすることもあるので、注意をしておく必要がある。

円環《ループ》⑩

第10期

哲学期

拡大する意識

第9期において宗教的な精神を学んだ君たちは、次にその情念とも言うべき状態から少し距離を措《お》き、客観的分析を行なう段階に入る。それまでの自分の集団性や情熱、まわりの一切が見えなくなるほどの没頭、それらを相対化していく作業段階に入ることを意味する。それは第9期が間違っていたということではなく、さらなる深化のために、あくまで、自分がいかなる思考をし、どんな立ち位置にいるかを、再確認することを意味するにすぎない。

ここでは知性が強調されていくことになるが、それは第4期の学習期が機械的でどこか味気ない単なる知識だったのに対し、この第10期の知性はより形而上《けいじじょう》的《てき》な高い知性が要求されるものとなる。つまりそれは哲学性の追求の場ということが出来るだろう。それまでの狭量な自分が見聞を広げることで、より広い視野を持った人物へと変貌していくことを意味している。

そこには広々とした世界があり、第9期の自分が何だったのかと思えるほど、心が解放されていくのが分かる。それは自分でも感動するほどの精神の広がりを体験する。それは還元論的な唯物思考に対するより知的で精神性に富んだ哲学性を見せてくるのである。それにより、それまでの自分の幼稚さに気付くということが起こってくる。

それは恰も、学生の時にテストの点数が良くて有頂天になっていた青年が、いざ就職してみると、自分よりも点数の低かった者たちの方がよく仕事をこなし優秀なのを見てショックを受けるのとよく似ている。自分の勝手な思い込みで自分は優秀だ、自分は正しいと信じていたものが、広い世界と出会うことで、眼が開かれより正しい答えへと導かれるものである。

そういう意味では、この時期は海外に出て異文化体験をするのは実に効果的である。自分の国とまったく異なる価値観の中で生きている人たちの姿は余りに新鮮で、自分の心に焼き付けられ、その瞬間に精神上にパラダイムシフトが生じるのである。

自分がいかに愚かで自分の狭い世界の価値観に支配されていたかが明らかとなるのだ。思春期以降にこの第10期を体験する者は、自分の親から植え付けられた評価や価値に対して、その違いに気付かされることになる。さらに教師の教えた事の間違いに気付き、自分の生まれ育った所の風習が普遍性を持たないことを知るのである。

さらに、郷土を離れ大都市へと移ると、そこには生き馬の目を抜くような殺伐とした人間関係が存在し、人情がいかに無視されるかを体験して、優しいだけでは生きていけないことを学ぶことになる。この様に、自分の世界が小さく、外の世界が大きいこと、外の世界が広く自分の世界が深いことにも気付ける時でもある。

いまの世界が第4期の唯物主義に支配されていることに対して、この第10期はそれが誤りであることを気付かせてくれるのである。そうして、ここを通過する者は第10期の深みを身に付けることになる。その意味では、いまのこの世界は第4期の学習期の状態のままで停止してしまっている。すべての人類が科学知識に支配され生物学や大脳生理学までもが還元主義に陥り、根源たる精神の世界を見失ってしまっている。

物質世界だけに生きる者にも、魂に支配された世界だけに生きる者にも、絶対に許されないことがある。

それは停滞である

われわれはどの次元に生きていても停滞してはならない。たとえ休憩をとっている時でも、その休憩は停滞してはならない。休憩という流れが流れ続けていなければならないのである。ただダラーッとしているのではなく、正しく息を抜き、正しく呼吸し、正しく休み、正しくリフレッシュしなければならないのだ。それが休憩ということである。

この様に、一切のものは停滞が許されないのだ。しかし、だからといって休憩が許されないと言っているのではない。休憩は流れの一部を成しているからである。こんなことを言うと、堅苦しい、うっとうしい、聞いてるだけで疲れちゃう！　という人がいるが、その様なことはない。君が自然体で生きることさえ理解していれば、それは何なくこなせるし、むしろこれこそが君をリラックスさせ、幸せへと導いてくれることになるのだ。

その意味で、この世界は第4期に呪縛され、それ以降まったく前へ進めなくなってしまっている。君も

知らず知らずのうちに、第4期的思考に支配され、思わずその価値観を口にしているときがあるのに気付いているだろう。すでに君もこの第4期の被呪縛者であるのだ。だから、この本を通してそこから抜け出さなくてはならない。

しかし、この精神世界に生きる人は、むしろ、そこよりも第9期に呪縛されている人たちの方が多い。その人たちもそこから抜け出さねばならないのだ。すべては通過点であって、決して安住してはならないのである。その家に一生住んでいても、毎年室内の模様替えをすることが大事なのだ。そしてそこに知らない価値観を持つ友人を招き入れ、共に学ぶことが重要だ。いまのままで何も変わらない、改善しない、進化しない精神は生きている意味をなさないということである。賢い君にはそのことはすぐに理解できるだろう。

だからこそ、この世界は誤っているのだ

どんなに科学技術が進化しようとも世界の次元がまったく進化することなく第4期のまま停滞してしまっていては、真実についていったい誰が語ることが出来るだろうか。こういう情況の中にあると、その反動として誤った真実が大量に世に出回ることになる。だから注意が必要なのだ。彼らの誤った知識はこの世の状態への反発として第4期そのものを否定しようとするからである。そうであってはいけない。君

は冷静に〈真実〉とは何かと考えなくてはならない。

それは、この第4期も含め他の一切の学びの期間こそが価値有るものであることに気付かねばならないのだ。知識がいかに重要か真に知っている者でなければ、知識を否定することは許されないのである。同様に、精神の重要性を真に知る者だけが精神について否定することが出来るのである。その様な謙虚さと慎み深さと厳しい眼を持ち合わせる者だけに第4期停滞の批判も許されるのだ。そうでなければ、次には第9期に留まるだけの精神や熱狂への依存観念だけが、この世を支配し停滞させることになる。

その様な世界は誰も望んでいない!

その様な偏った世界など誰一人望んではいないのだ。その様な拘《こだわ》りが狭量な思考こそが、われわれが忌《い》み嫌うものでなくてはならないのだ。知識偏重に陥るのでもなく精神偏重に陥るのでもなく、霊魂偏重に陥るのでもなく、それらはバランスよく調和し続けないといけない。

それは〈他者〉が支配する外世界だけでなく、自身が支配する内世界においても同様でなくてはならない。いかなる時、場所にあっても、あらゆる方位への視野が広がっている者だけに智慧が授けられ、その者こそが勇者としてこの世界を救うことが出来るのである。それはたった一人のことではない。風に吹かれて「何か」に触れる者たちに与えられた使命なのだ。

変えるのは遠い世界ではない。それは君の足下から始めればいい。朝の挨拶をしてこなかった者は、「おはよう」と挨拶することから始めればいいのだ。それが智慧の始まりである。挨拶も出来ない者に智慧が宿ることも育つことも有り得ない。

世界を拡張せよ！

自分の世界を広げることが大事だ。歩ける者は遠くまで出かけて、その眼で世界を見てくることだ。歩けない者はインターネットを介して世界を見通すことだ。そして、外からの風をその肌に感じてみるといい。君はその風の中に、希望や勇気や優しさが満たされていたことに気付いていただろうか？

その風に君は心を向けることだ。そうすると次々と新しい世界が開かれていくだろう。そのゆったりとした時の中に身を委ねてみることだ。君の心はいつもセカセカしていて、いつも不安に押し潰されそうにしていて、いつも誰かを恨んだりしていて、一度として静かになったことがない。だから、ちょっとだけ心を止めてみるといい。

そうすると、君の心の中に次々と新たな世界が広がっていくのが分かるだろう。色とりどりの輝きと、ステキな薫りがしてこないか？　その時空の中にその身を委ねてみるといい。君は驚くほどの自由を手に入れることが出来る。そして、本当は自分は自由なのだと気付くことが出来る。そうだ！　皆、本当は自由だ！　ただちょっとだけ悲しかっただけだ。ただちょっとだけ怒っていただけだ。ただちょっとだけ不安だっただけだ。ただちょっとだけ佇《たたず》んでいただけだ。「何か」が手に入るのではないかと…。

この第10期は君を旅する勇者にしてくれる。世界へはばたけ！　怖がるんじゃない。世界がいかに広いかをその眼で見てくることだ。そして思いもしない違う現実をその瞼《まぶた》に焼き付けてくることである。それは不思議の世界でもある。ワンダーランドだ。君の世界観なんていかにちっぽけなものかが分かる。

そして同時に、君自身の存在に気付くことが出来るようになる。君がいかに大切な存在か、誰かが語りかけてくるだろう。そして君は深い知恵をそして智慧を身に付けることになる。それは心の器が大きくなることを意味している。自分の愚かさに気付く時だ。その時はショックだが、その後ジワジワとこの世界との邂逅《かいこう》に涙が出てくることになる。そのためにも一度、いままでの自分の主張を捨て去り、原初の自分に立ち戻る必要がある。そして君の実存がいかに美しいか、いかに素晴らしいか、いかに愛されているかに気付かなくてはならない。

そのとき君は、このステージを正しく卒業し次の第11期完成期へと進むことになる。だが、この統合に失敗すると退屈な日々が待ち受けることになる。何の進歩も見せず、それまでの自分の考えから抜け出すことが出来ないまま、いつまでも狭量な自分のままで日常を過ごすことになる。周囲から相手にされなくなるから注意しなくてはならない。この様なときの独断的な考え方は大きな対立を生じさせるので、充分な思慮が求められるのである。

この第10期は、自分の価値観から抜け出し、広い世界の価値に出合うことこそが課題である。これをクリアしなければこのステージを越えることは出来ない。

円環《ループ》⑪

第11期

完成期

仕事場の頂点へ

このステージは第8期～第10期までの価値の変遷とその違いを昇華し統合する所である。そして、この時はそれまでの第2期～10期までの成長の結果が現われる場所となる。だからこの第11期において想定通りの成果が得られなければ、この三十年は失敗したことを意味する。ゲームオーバーとなり再びと同じランクの渾沌へと向かって作動し始めることになるのだ。

ここは〈天職〉を全うし、頂点に到ることを意味する。一般的概念としては会社人間のサラリーマンが生涯会社のために身を尽くし、最後に社長となって実力を発揮するというものである。その意味での頂点なのであって、決して大々的に世界からの人気者になるということではない。

あくまで、その人が所属する組織の中での業績が最高になることを意味しているのであって、決して世の中の有名人になる、といった意味合いではない。それは集団の一員として立派な仕事をこなすという意味でしかない。その中で優れた業績を残して会社に貢献し、その仲間たちから尊敬されるというものである。実に地道な歩みの最後に用意された達成の時であり、完成期ということになる。

だからその努力は、あくまで会社の成果となるものであり、個人の成果という側面は低く捉えられるのだ。つまり人生の頂点に位置する完成期とは、集団への奉仕、犠牲的な意味としての献身努力を指すものであるのだ。

第7期の仕事期が自分の能力の向上と評価を意味したのに対し、この第11期は会社の成果のために貢献し、その業績がトップになることを意味する。それはあくまで個人より会社集団の業績が重要視され、それに優秀な仕事ぶりで応えることが出来たことを指すのだ。

人生の頂点は貢献だった

この特徴が、会社や集団や社会への貢献によって得られる満足であることに注目しなくてはならない。社会的役割をきちんと果たすことに、強い生き甲斐を持つのである。そして社会と同化することにより、人生に満足感が得られるというのが、この人生の頂点が意味するところだったのである。

この世に誕生し、親の愛を受け取り、学習して知識を身に付け、自分のルーツと地球への回帰を内在させて社会の役割を果たせるようになる。さらに、他者との関係を深め、子孫にその絆《きずな》を引き渡す過程で、神仏を意識し、精神の重要性に気付き、迷いながらも人生の本質について学ばんとしてきたのである。そのために世界を知り、広い知性を身に付けるに到った。そして最後に、人類社会への貢献をもって満足するというものである。

これが星が君に教えるこの世でのループの展開である。最後は奉仕貢献で締《し》め括《くく》られた。それは一章で語ってきたところの〈犠牲〉ということでもある。積極的に会社や社会のために犠牲的精神で貢献するというものだ。これは昭和世代が教え込まれた哲学でもあった。だが、これは宇宙原理として、人類に課せられた法則でもあるということだ。

それを思うと、現在の日本の現況は心配になる。今や古い言葉になったが家に閉じ籠もりのニートがあまりに多い。多すぎる。それは正に社会貢献の真逆にいるもので、極めて重大な問題と言わなくてはならない。こんな社会構造は他の国には存在しない。それは実に由々しき問題だが、政府も党も学校も親も誰も本気で対策しているのを見ない。

この問題を改善するためにはイジメをなくさなくてはならない。イジメは社会規範の希薄さからくるものである。社会規範を作り上げるのは人それぞれの心にある良心である。この良心を発揮させるには道徳教育がされなくてはならない。そうすれば、イジメは激減しニートはわずかだけになるだろう。

君たち自身の手でこれは解決しないといけない。そもそもの原因は乱暴な母親や愛のない母親に育てられ反発したイジメっ子と、強さを教えなかった弱い母親や愛のなかった母親に育てられ打ちのめされたイジメられっ子が主たる人たちだ。

若い君たちの努力でこの構造を改善していかなくてはいけない。いつの時代からか日本人は皆、傍観者になった。ヘタに関わると自分がいじめらる対象にさせられるからだ。こんな日本人で学校の現場が成立しているのなら、もうすべてをリモートにした方がまだましだ。日本人として君らが自分のこととして理解しないと解決しない。それは、取りも直さず学校現場で、差別やイジメを見て見ぬふりを続けた生徒たちの人格に帰結するのである。その子たちがおとなになった日本社会がまともになるはずはない。

良心ってなんだ⁉

因みに、「良心」ってやつについて少し話をしよう。君はいつそいつを感じたか覚えているだろうか。いつ君の心に良心は出現しただろうか。そう問われると君は、「この間、階段上るのが大変そうな老人の手を引いて上げた」などと言い出すのだが、それは「良心」ではなく「善意」だ。「良い心」ではあっても「良心」の概念とは異なる。

君は小学生の時から知っているこの「良心」について正しく答えることが出来るだろうか。それは決して親切にする心のことではない。なぜなら、君は自分の好きな人には親切にするが嫌いな人には親切にしないだろ？　その親切ってヤツはヘタすると計算高い心から出てることだってある。おじいちゃんに親切にしておけばお小遣いがもらえるだろうってね。義理チョコってのもその典型かも知れない。あれなんかは愛情に見せかけたお涙頂戴劇ってわけだ。可哀想だからあの上司にもあの同僚にもあげようってやつだ。お情けでもらったって却って惨めってもんだ。そんな行為に善なんてものはない。

のら猫がケガしてたから手当してあげたってのは、「良心」か？　それは君が猫が好きだったから可哀想になったってだけの話だ。ヘビがケガしてたら助けるどころかキャーッと言ってそれでお終いだ。それは偏見にすぎない。好き嫌いという感情は常に人間を支配し、しかもそこに価値観が加わると、どうしよ

うもない厄介なヤツになる。なぜなら、もっともらしい理由をつけてその偏見を最も正しいことの様に言い出すからだ。

その辺にジェラートをたらしながら歩いているのを注意されると「人間には自由があるのよ！　人権があるんだからあんたなんかに私の人権を傷つけられたくない！」などと、わけの分からぬことを言い出す人たちが増えた。その人の中に「良心」が欠けているからだ。

そう言うと君は「良心って道徳のこと」と言い出す。まあそれは悪くないかも知れない。でも、ここでは道徳の話は止めておこう。ちょっと話が長くなってしまう。また次の機会に話そう。拙著の『人生は残酷である』の中で正しい意味を書いているからよかったら読んでくれると嬉しい。その中では、あのハチャメチャなアメリカ大統領になったトランプのことにも触れている。彼には大いに問題があったが、常識ある人と一見まったく違っているが、実は、常識人とトランプの差など何もないんだ、ということを書いた。常識人の腹の中、心の中はトランプより酷いかも知れないという主旨のものだ。良かったら読んでみて。

さて、そこで「良心」だが、少しは見当はついただろうか？

この本では三つのことを語ってきた。ループと葛藤と犠牲だ。この「良心」とは葛藤を指しているんだよ。それに気が付けたら、君は凄いヤツかも知れない。

ちょっと君の心の中を覗いてみてくれないか。この間、君が友だちといた時のことを思い出してほしい。皆でメシ食って割りカンしよってやってた時、男たちが多く払う奴や少なく払う奴がいるなかで、百円少なく払ってなかったかい。その時、君の心の中はどんな具合だった？

また、夜一人で街の中を家に急いでいた時、苦しそうにしてたオジサンを見ただろう。その時、大丈夫かな？とちょっと気になったけど、そのまま知らぬ顔をして通り過ぎたよね。あの時の君の心の中はどうだったのかな。

そういえば、さっきのイジメの件だけど、学生時代クラスでイジメがあった時、君もそれを見て見ぬふりをしてたね。あの時の君の心ってどんな具合だった？　そんな時、まじめな君は、助けてあげたいと思ってたんじゃないかな。でもその中に入るのが怖くて勇気が出なくて、シカトしてしまったよね。でもその時の君の心の中は少し複雑だった。自分の中に罪悪感みたいなものが出てきたのを覚えているだろう。

それが「良心」ってやつだ‼

君はいつも善と悪の中で葛藤している。いつもだ。朝眠い！　もっと寝ていたい！　でも起きなくちゃ！ってのも葛藤であると同時に、広い意味の良心だ。嘘を吐いたことをずっと悔やんでいるのもこの「良心」の仕業だ。「良心」ってやつはいつも葛藤の中から生まれてくる。だから良心が生まれてこない生き方をしなくちゃいけないってことになるわけだ。分かったかな。「良心が出てこないんじゃ悪い人ってことじゃないの」って言ってる君は、もう少しじっくり考えてくれるといい。

ところが、この良心が過度に働き出すと何をやるにしても迷い出すから厄介だ。電車に乗ろうとしたとたん、自分と同じ距離で改札に向かってきている人がいる。まあ大丈夫だろうと思っていると、本当に同時に改札に飛び込むような状態になり、アッヤバイ！と思って君は足を止めようとしたら、電車が出発の合図を鳴らし始めた。アーこのまま一気に彼に先んじて前に行ってしまえば何とか乗ることが出来る。しかし、それをやったら自分はちょっとイヤな奴に思われるかもしれない。でも、それにしてもコイツ譲らない奴だなあ、コイツ人間性に問題があるんじゃないか、エーイッそれなら自分の方が先に乗ってやろう…でも…やっぱり…

これが「良心」ってやつだ。自動ドアの前で「お先にどうぞ」「いえ、そちらこそお先にどうぞ」とやっててエレベーターが行ってしまうのも良心の葛藤がそうさせている場合がある。中には、自分をいい人に見せたいからそうしている人もいるがね。単純に合理性の欠如からそうしているとも言えるんだが。

こうやって何かの力が強引にその人間性に修正を加えてくるのだ。君がまったく自覚することのない次元で、君は常に「力」にコントロールされ、知らぬ間に、この円環の中に流れ行く旅人であるということだ。果てしない旅のその途中で、今日も君は、自分に与えられた課題に向かっているのである。

最後まで諦めるな！

君はいまここで何を見てる？　それは満足感だ。よくぞここまで頑張った。そんな自分を褒めてあげたいって心境だろう。このステージに辿り着くまで、なりふり構わず努力してきた人は、この第11期では周囲からも認められ、ホッとしているところだろう。充実感と言ってもいい。そんな君は実に立派だった。競争社会の中で他者に負けることなく、ここまでやり通したんだからね。そして、立派な成果を築くに到った。自分でも納得がいく結果だ。

ところが、中には努力が足りなかった人がいる。その人はこの時、絶望させられているかも知れない。サラリーマンは閑職《かんしょく》に就けられたり、左遷の憂き目に遭っている人もいるかも知れない。しかし、そうだったとしても絶対に諦めるな！　何とかなる！　再度、自分の犯した問題点をあぶり出すんだ！　そしてそこから、何が不足していたか、何で失敗したかを把握することだ。それさえ分かれば、あとは挽回するだけだ！　再評価を目差して頑張れ！

円環《ループ》⑫

第12期

飛躍期

新たな理想世界

人は人生の頂点として第11期を体験した。そこは社会に貢献する場であり、社会のルールを厳守する世界だった。自分の個人的感情は一切犠牲にして、社会のため、会社のため、地域のため、グループのために献身的に働き立派な業績を残し、そこに満足を覚えた。

ところが、人間社会における円環ループの最終地点としての第12期の飛躍期は、それとは真逆の人生を選択することになる。第11期において自己を犠牲にし、会社や社会のためと思って結果を出してきた人も、この第12期に入ると突然そこに虚しさのようなものを感じ始めるのだ。そして、会社人間として生きてきたことはそれはそれでいいとして、そこに埋没させられていた自分の個性、自分の理想を追い求めたいと思い始めるのである。

この瞬間がすべての始まりとなる

次に再びと訪れる第1期の渾沌は、この瞬間から始まったということが出来る。渾沌へ向けて新たな挑戦を始めることになる。それまで、常識的社会を是としてその習慣に従い、あらゆる制限や規約や期待に応えるべくそれに同化し、皆の期待に副《そ》うべく貢献してきた。そして、その状態に満足し充実感を覚えているときに、燃え尽き感が生じるのだ。会社への献身はもういい。仕事人間にはもう飽きた。そして、次からは自分の理想のために生きたいという強い欲求が出現することになる。

かくして君も、次の人生への挑戦を考え始めることになるというわけだ。ここは仲間という友人が沢山出来る意味合いもある。一般には素人集団のダンスサークルやカラオケサークルや研究サークルや歌会やバンドやコミケ仲間などと集うようになり、自分の理想を実現するための人生へと転換するのである。第11期の様な各人の個性を否定したものではなく、個人の自由意志がそのまま反映した社会を作ろうと仕始めるのだ。仲間たちといると、体制に反発する的な個人集団としての生き甲斐を追求するようになるのである。

未来の創造主となる

この第12期は極めて重要な位置に存在する。人生において何度かやってくるのだが、この時において未来が決定されることを自覚する必要がある。円環する宇宙の中のこの地球上にわれわれは存在するが、ここに誕生する前には霊界にいたことになる。その哲学的な解釈については、これから書き上げる『よくわかるインド哲学』（仮題）を読んでもらいたいのだが、ここでは少々本格的な面倒な話はスッとばして、君らが分かる話として説明しよう。

その霊界からこの世へと魂は生まれ落ちる。そして、本質的には存在しない魂だが、人の主体が如きに出現し、人を支配していくことになる。この実存する魂は身体を動かすことから自分を認識するようになり、身体の動きから多くの気付きを得、次に言葉を学ぶことで知恵を身に付け、他者という敵の出現で〈私〉を出現させ、そして、「何か」の力に後ろから押されながら俗世の中で生きて行くのだ。

これをここでは成長とか学習と呼ぶが、そこには常に他者との戦いがあった。そしてそれらを乗り越えてきた時、遂に頂点に辿り着くのだが、ここで一つのサイクルが完結する。それが第11期までの話だ。

そして第12期のいま君は重大な節目に立つことになった。新たな人生の選択を開始したからだ。この瞬間こそが、人類唯一の運命の「白紙」部分すなわち自分の決断で未来を決定することが出来る瞬間であるからだ！

これほど興奮することは他にはない。そのためには条件がある。

一切の偏見を捨て去ること！

ここにすべてが集約されてくる。ここで真に運命をコントロール出来る者となるためには、自分の中の一切の偏見があってはならないのだ。偏見がある限り、人はこの宿命から脱出することが出来ない。

この恐ろしいほどに厳しく聞こえる響きも、冷静に聞けばむしろそれは真逆のことであり、運命転換の究極の原理が明らかとなっているのだ。もし君がこの事実を興奮と共に受け止めないようでは、君はまだ修行が足りない。

これまで数千年にわたって、修行者や哲学者や運命学者たちは、いかにすれば真理へと辿り着けるか、悟りを開けるか探し求めてきた。運命を好転させ、さらには霊性が昇り行く秘密を知りたいと世界中の書物を読み漁《あさ》ってきた。それを賢人たちにならい、いまここに、その運命の瞬間を君だけに伝えるとしよう。

それには星の流れを理解しておかなくてはいけない。そして、第11期を終了する時、君の誠の心に突然訪れる透き通るような意識に気付かなくてはならないのだ！

それは――

普遍性への眼差し

これこそが、君を新たな次元へと導く秘められた教えである。いま君に初めて明かされたのだ。この事を知る者は、いまここにいる者だけだ。君だけがいまこれを見ている！　この事実を確かな意識の中でしっかりと見詰めることだ！

ナニ？「そんなことって昔から皆やってきたことじゃないか！　今さら何を言うの！」君の言いたいことは分かる。しかしこれには実に深い真理が隠されているのだ！

いいか、これこそが君がこの本の中を通して学んできたことだ。君は遂にここまで辿り着くことが出来た。人間の存在とは、究極の道を手に入れることだ。その最終地点はニルヴァーナだ。かの仏陀が指し示した天国を超えた真の天国のことだ。だがそこへの道はプロの行者にも果たせない夢であった。その道をいま君は目の前にしているのだ!!　そう言われれば、少しは興奮するだろ！「興奮しろと言われても何かピンとこないんだけど…」まあ、それは仕方ない。突然こんなことを言われても、すぐにピンとくる方がおかしいのかも知れない。確かにそうだ。しかし少し考えてくれると嬉しい。

この道を知り、この道を歩み始めれば、今までとは比較にならないスピードで何倍も速く目的地へと辿り着けるはずだ。その瞬間についてこれからもう少し詳しく話そう。

第12期を迎える時、君に訪れる普遍意識、それが純粋であることを君は確認する必要がある。その純度が低ければ、この法は成就しない。だから、その思いが本物かどうか純度が一〇〇%であるかを確かめる必要がある。

そしてもし、それが本物だと確信が得られたなら、その時のレベルの君が感じたその純粋な普遍性の中に瞑想を為せ。そしてその瞑想が君の呼吸を止めてしまうほどに深くなったら、その時に君は自分の未来を覗き見るのだ。

その心の中に、素直に君自身の未来について意識すればよい。そうすればスッと見えてくるものがある。そこで問題なのは、それが本物であるかどうかということだ。もしそれが単なる君の幻覚ならそれは何の意味もない。よくあることとは自分で願望をイメージしてしまうことだ。それは絶対にやってはいけない。

じゃあ、もう一度挑戦してみよう！

君は深い瞑想の中に沈むように佇《たたず》んでいる。深い深い玄空の中に浮いている状態だ。そこでもう一度、君の未来を観想するのだ。それは願望ではない。只、黙って「未来」と意識しないでその「未来」の文字だけをボーッと見続けるのである。不要な観念が入り込むとすべては失敗する。

そして、その意識の中に「未来」という文字を浮かび上がらせるだけにして、一切の思考を止めてしまうように！　そうすれば、君に二つのものが見えてくるようになる。一つはすでに決められた君の運命だ。これは無視しなくてはならない。こちらには一瞬も意思を向けてはいけない。無視するのだ。

そしてもう一つ。こちらは白いような闇のような透明のような光のような波のようなリズムのような何かが感じられてくる。この感覚を覚えておくように。それがもし君に感じられたら、君はそこに意識を集中させなくてはならない。

そして、それがうまく出来たなら、もうこの秘密は君のものだ。君はその中に君が理想とする未来像を描け！　その中に君の全身全霊を投じるようにその思いを投げかけよ！　これで終了だ。君はその時から圧倒的な変化を体感し始めるだろう。この世の出世や金儲けの才は伸びてはくれないだろうが、君は新たな真の地平を切り拓くことになるのだ！

瞑想を成せ！

これを実現させるためには、日常において瞑想が自在に出来なくてはならない。ある程度のレベルまで達しておかなくてはならない。それは君の努力次第であり、誰でもが可能である。特別な才覚が必要などということはない。要は毎日、毎日さぼることなく続けるだけのことだ。それが出来ない者にはこの道は開かれない。それだけの本気がない者には、遙か前段階の「普遍性の眼差し」そのものが訪れることはないだろう。ただ第11期で自己満足のレベルに達し、周囲から感謝されたあと、第12期に入って、第11期にはもう飽きた。今度は自分の好きに楽しいことをやろうと思うだけでこの時を過ごしてしまうことになる。

そのすべては君の求道心《ぐどうしん》にかかっている。求道心を持つためには、常日頃から人を恨む性であってはな

らない。陰口を言う人であってはならない。妬《ねた》む人であってはならない。陥れる人であってはならない。裏表がある人であってはならない。肉食を好む人であってはならない。嘘を吐く人であってはならない。汚い人であってはならない。何かに囚われている人であってはならない。

以上のことが当てはまるなら、君はすでに立派な求道者である。世の中は余りに嘘が多すぎる。嘘が真実を塗りつぶし、嘘が真実となってしまっている。その様な世界でそういう嘘を信じ切り、嘘の世界に違和感なくドップリつかっている人たちは、かなり問題がある。それらに影響されず道を求め一人で瞑想に励んでいる人の姿は美しい。初めから立派な修行者などいないのだから、自分が出来る範囲で少しずつ努力してみることである。

変な指導者に就くよりも、自分一人で多少紆余曲折しながらも地道に精進努力している人の方が美しいものだ。頑張れ！

この世界は仏教哲学的には幻と言われている。量子物理学の世界でも泡（幻）と言われている。われわれはそんなこの世に生きているんだ。君のような青年がそんなに深刻に悩むことはない。先ずはこんな世界があることから学ぶといい。そしてその先には、自分の宿命を転換できる秘密があるということを知っておくことである。

その世界では君の霊が覚醒し、君は叡智と邂逅《かいこう》する。それは君に智慧を与え、君はあらゆることの真実について悟るようになるのだ。そこには普遍の真実がある。君はそれを自分のものと出来るのである。だが最大の難関は脱出できないこのような円環《ループ》する世界に人は捕らわれているということだ。それは常に君の欲望をあぶり出し、君の目の前に出現させて君を惑わそうとする。そして多くの者がそこに落ちていくのだ。

たとえ力強いリーダーで才能が充分あり頭が切れたとしても、その人物が自己中である限り、そこには何も顕われない。欲の強い者にも一切顕われない。犠牲になれない者にも一切顕われない。節操がない者、無責任に動いている者、逃げてばかりいる者、知識ばかりに溺れている者、無知に被われている者…、それら一切に叡智が顕われることはない。

もし君が魂の世界に興味があるならば、自分が魂であることに気付くことだ。そうすれば魂とは何かすぐに理解できるようになる。魂も霊も基本は君の精神性でしかない。己の心をジッと見詰める訓練が出来る人は幸いである。この人は実に立派な人だ。次からは夜眠る前に十五分の瞑想に挑戦してみるといい。ある程度までは、自分一人で習得できるから、一人でやってみるといい。きっと、いままでとは違う新たな地平（新世界）が見えてくるはずである。そのためにも、豊かな感性を失わないようにすることである。理屈だけに走る人間になってはいけない。そこからは真理は何も見出せない。

この世界はふと気付くと同じ流れをグルグルと巡っていることに気付かされる。それは円環ループの世界である。それは天意の示すところであり、この世がただの唯物世界でないことを暗示している。そのことに気付けるのは優れた人の証しである。皆、自分のことをただ一人の存在と認識しているが、そんなものは誤認以外の何者でもない。

君はただの「もの」だ！　人はただの「もの」だ。その真理に気付き、〈私〉を独立させ、〈自分〉へと辿り着いた者だけが、円環のゲームから脱出することを可能とするのである。

さあ、最後に君は再びと〈自分〉へと戻ろう。世間の愚かしい常識を捨て去り、次元の低い会話から離れて〈真実〉に戻り着くのだ。知識や感情に溺れることなく、真っ直ぐの眼で天地を貫く法則に気付かなくてはならない。人の存在が肉体だけではなく霊魂として実存していることを、正しく学ぶ必要がある。輪廻する錯覚の世界に人は生きている事実を知り、いかにしてそこから抜け出すかが、人生の目的であるのだ。それ以外に人が存在している理由はない。ブッダが悟りを開いたとはこのことを指すのである。

昨今はその様なことに誰も興味を示さなくなったが、重要なことだ。

〈真実〉の道はブッダやキリストが歩んだ道である。それは無条件に正しい！　君の人生もその様であるべきだ。ブッダも修行の最中、何度もバカにされて殺されかけもした。キリストは死んでいる。それに比べれば、君の真実を目差す旅は楽勝だ。

俗世間で元気一杯に生きている人たちの会話は他者の悪口ばかりだ。自慢話ばかりだ。あとは色気と食い気と金の話だけで、希望や勇気を語る者はほとんどいない。ましてや真理について、存在の真実について語る者は皆無である。

だが、そうであってはならない。世間は〈存在〉についてすぐに拒絶する。

それは正しい姿ではない。人は〈真実〉を見出すためにこの世に存在し、そのステージでは常に課題が与えられ、霊の向上が課せられているのだ。世間の「対立」と「欲望」と〈もの化〉とに背を向けて、君は〈自分〉を探し、発見しなくてはならない。〈現実〉の穢《けが》れは常に君を襲い、君から〈真実〉を遠ざけようとするが、決してそこから目を離してはいけない。この〈存在〉の〈真実〉こそが君をこのループから真に解放し、君を自由にするのである。

その時、君は一切が存在しないことに気付かされる。そして、いかなる言葉を用いても表現することが出来ない世界〈ニルヴァーナ〉の存在を知るのである。そこはあらゆる不思議を超えている。そこは無いという概念でしか表現することが出来ない世界だ。世界という言葉すら当てはまらない。そこは誰も語ることが出来ない。かのブッダでさえ語ることが出来なかった世界なのだ！

〈存在〉の〈真実〉はそのことを示すものである。それは、君の意識の中に眠り続け、君の目覚めを待ち望んでいる。その機会はいつでも用意されているのだ。あとは君がそのことに気付くだけである。

次元の風に吹かれるとき、君のその深い意識が目覚めるだろう。

君が、このいまのステージを上手にクリア出来ることを祈っている！

そしてまた、新たな旅が始まるのだ…

（続）

カバー：at design
写真・イラスト：カバー -PIXTA/ 本文 -p8, 12, 26, 62, 69, 73, 98, 109, 112, 117, 124, 144, 175, 177, 199, 200, 233, 239, 303, 309, 319 AdobeStock/p47, 136, 153, 261 Dreamstime/p6, 17, 59, 168, 221, Getty Images/p21, 31, 54, 161, 187, 192, 243, 274, 291, 327 iStock/p42, 81, 205, 211, 225, 257, 271, 281, 297 PIXTA/p35, 87, 251, 299, 314 Shutterstock

森神等覚　もりがみ　とうかく

福岡生まれ。文筆家。思想家。維摩會管長。
中学・高校とミッションスクールの西南学院に通い、キリスト教教育を通して聖書と西洋思想に親しむ。高校卒業後、しばらく精神の放浪にて見聞を広めた後、立正大学仏教学部に特待生として入学。昭和５４年度卒。卒論は『龍樹研究』で空観に於ける異蘊の解明を論じた。業界紙記者などを経た後アメリカに移住。地球世界の文化を見て歩き人間研究を行なう。後に帰国。著書に『侘び然び幽玄のこころ』『人生は残酷である』『タオと宇宙原理』『科学者たち５８人の神観』（桜の花出版）他多数あり。令和6年10月、森上逍遥から、森神等覚へ改名。

新装版
ループ　忘れ去られた記憶の旅

2025年2月7日　初版第1刷発行

著　者　森神 等覚
発行者　山口 春嶽
発行所　桜の花出版株式会社
〒194-0021　東京都町田市中町 1-12-16-401
電話 042-785-4442
発売元　株式会社星雲社（共同出版社・流通責任出版社）
〒112-0005　東京都文京区水道 1-3-30
電話 03-3868-3275
印刷・製本　　株式会社シナノ

ISBN978-4-434-35078-8 C0010